Construção do pensamento filosófico na modernidade

O selo DIALÓGICA da Editora InterSaberes faz referência às publicações que privilegiam uma linguagem na qual o autor dialoga com o leitor por meio de recursos textuais e visuais, o que torna o conteúdo muito mais dinâmico. São livros que criam um ambiente de interação com o leitor – seu universo cultural, social e de elaboração de conhecimentos –, possibilitando um real processo de interlocução para que a comunicação se efetive.

Construção do pensamento filosófico na modernidade

Vitor Hugo Lourenço

EDITORA intersaberes

Rua Clara Vendramin, 58 . Mossunguê
CEP 81200-170 . Curitiba . PR . Brasil
Fone: (41) 2106-4170
www.intersaberes.com
editora@editoraintersaberes.com.br

Conselho editorial
Dr. Ivo José Both (presidente)
Drª. Elena Godoy
Dr. Neri dos Santos
Dr. Ulf Gregor Baranow

Editora-chefe
Lindsay Azambuja

Supervisora editorial
Ariadne Nunes Wenger

Analista editorial
Ariel Martins

Preparação de originais
Juliana Fortunato

Edição de texto
Arte e Texto

Capa
Denis Kaio Tanaami

Projeto gráfico
Bruno Palma e Silva

Diagramação
Estúdio Nótua

Equipe de design
Iná Trigo
Laís Galvão
Mayra Yoshizawa

Iconografia
Sandra Lopis da Silveira
Regina Claudia Cruz Prestes

Dados Internacionais de Catalogação na Publicação (CIP)
(Câmara Brasileira do Livro, SP, Brasil)

Lourenço, Vitor Hugo
    Construção do pensamento filosófico na modernidade/ Vitor Hugo Lourenço. Curitiba: InterSaberes, 2019.
    (Série Estudos em Filosofia)

    Bibliografia.
    ISBN 978-85-227-0064-6

    1. Filosofia moderna – História I. Título. II. Série.

19-26737   CDD-190

Índices para catálogo sistemático:
1. Filosofia moderna   190

Cibele Maria Dias – Bibliotecária – CRB-8/9427

1ª edição, 2019.

Foi feito o depósito legal.

Informamos que é de inteira responsabilidade do autor a emissão de conceitos.

Nenhuma parte desta publicação poderá ser reproduzida por qualquer meio ou forma sem a prévia autorização da Editora InterSaberes.

A violação dos direitos autorais é crime estabelecido na Lei n. 9.610/1998 e punido pelo art. 184 do Código Penal.

apresentação, ix
organização didático-pedagógica, xiii
introdução, xvii

1
Condições históricas da modernidade, 20
    1.1 Humanismo renascentista, 23
    1.2 Revolução científica, 30
    1.3 Antropocentrismo filosófico, 36
    1.4 Desenvolvimento mercantilista, 40
    1.5 Formação do Estado Moderno, 46

2
Filosofia política, 68
    2.1 Thomas Hobbes e o papel de *Leviatã,* 71
    2.2 John Locke e a crítica ao absolutismo monárquico, 78

2.3 Montesquieu e a divisão dos Três Poderes do Estado, 82
2.4 Jean-Jacques Rousseau e *O contrato social*, 88
2.5 Adam Smith e o liberalismo econômico, 94

3 *Racionalismo*, 106

3.1 René Descartes e o *cogito*, 108
3.2 Blaise Pascal e a autonomia da razão, 114
3.3 Baruch Spinoza e a concepção de Deus como eixo fundamental, 119
3.4 Gottfried Wilhelm Leibniz e *Discurso da metafísica*, 123
3.5 Georg Wilhelm Friedrich Hegel e o conceito de dialética, 127

4 *Empirismo*, 142

4.1 John Locke e *Ensaio sobre o entendimento humano*, 145
4.2 George Berkeley e o empirismo radical, 150
4.3 David Hume e o ceticismo, 154
4.4 Thomas Hobbes e o materialismo clássico, 159
4.5 John Stuart Mill e o princípio da causalidade, 163

5 *Criticismo kantiano*, 176

5.1 Iluminismo e suas principais vertentes, 179
5.2 *Crítica da razão pura*, 188
5.3 *Crítica da razão prática* e a ética de Kant, 192
5.4 *Crítica do juízo*, 197
5.5 Contribuição das escolas pós-kantianas, 199

6 *Romantismo e idealismo alemães, 212*
   6.1 Influências de Jean-Jacques Rousseau
   e Immanuel Kant, 214
   6.2 Liberdade e criatividade do espírito humano, 225
   6.3 Experiências estéticas: artes visuais, música
   e literatura, 229
   6.4 Johann Gottliebe Fichte e a liberdade do eu, 233
   6.5 Friedrich Wilhelm Joseph von Schelling e a
   concepção determinista da natureza, 239

considerações finais, 255
referências, 259
bibliografia comentada, 269
respostas, 277
sobre o autor, 295

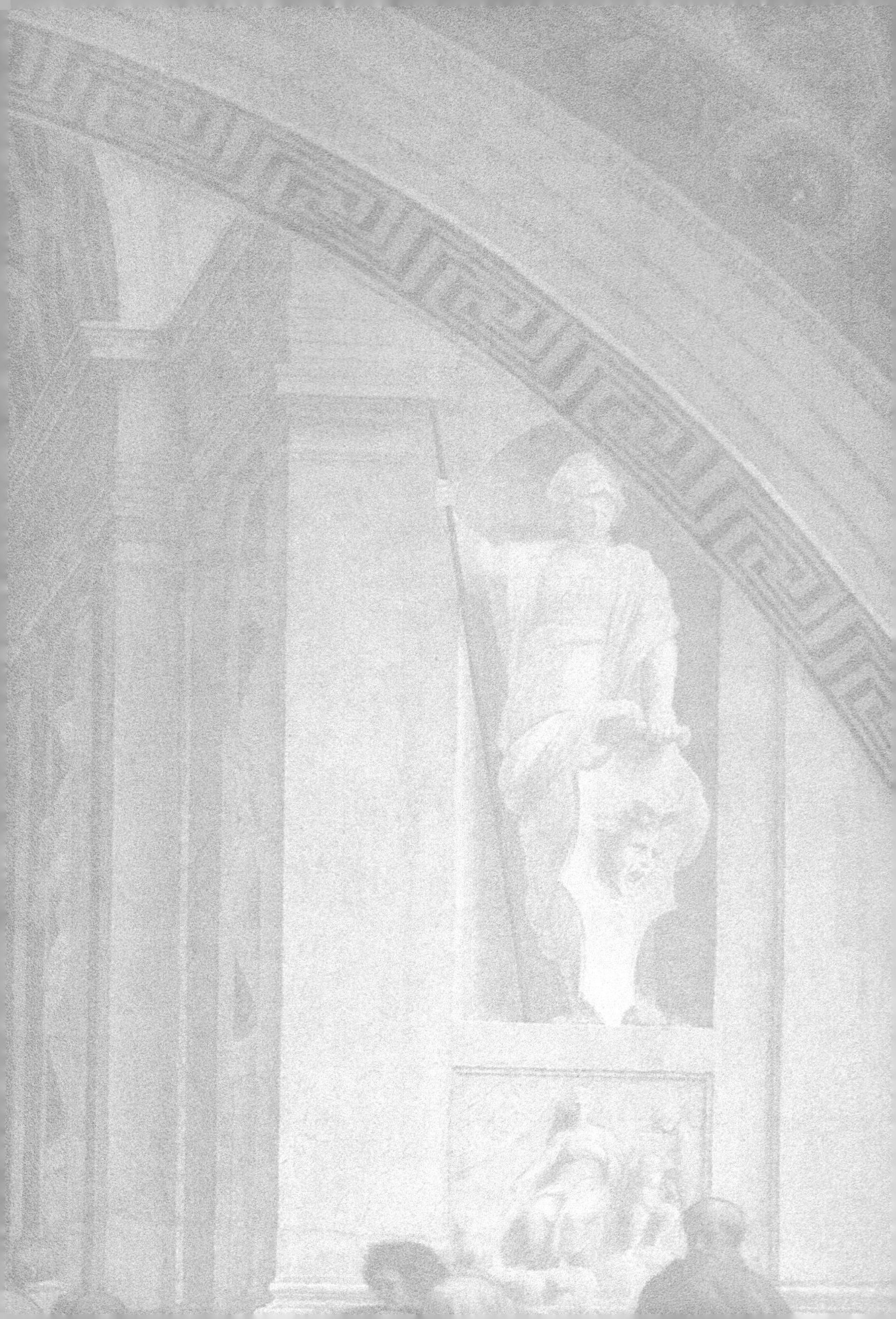

apresentação

Ao se propor a estudar a história da filosofia moderna, reconhece-se *a priori* sua grandeza e sua importância para a sociedade e para a história do pensamento de modo geral. Conscientes de sua enorme contribuição, na presente obra abordamos os principais fatos e acontecimentos históricos, as correntes, os problemas filosóficos e alguns pensadores, bem como parte de suas ressonâncias. Partindo de uma bibliografia consistente e atualizada, os argumentos se constroem de maneira didática, o que possibilita a fácil assimilação.

Visando mergulhar nos principais elementos que constituíram a modernidade e fizeram dela um dos principais períodos da filosofia, no primeiro capítulo deste livro analisaremos suas condições históricas. Como bem se sabe, a modernidade é o resultado, entre outros elementos, de avanços e rupturas, de mudanças nos padrões artísticos, culturais, filosóficos, científicos, econômicos e políticos. Em termos de problematização, para muitos pensadores a modernidade não acabou, está presente em inúmeros setores da sociedade; para outros, já vivemos a pós-modernidade. É uma discussão em aberto.

Compreendendo o lastro histórico da modernidade, no segundo capítulo analisaremos mais a fundo os desdobramentos políticos, desde a transição do feudalismo para o Estado moderno, passando pela formação dos Estados nacionais absolutistas, pelos conceitos de contrato social e de sociedade civil, até os princípios do liberalismo e da democracia.

No terceiro e quarto capítulos, adentraremos as principais concepções e teorias do conhecimento, um dos temas mais centrais desenvolvidos e desdobrados desse período. Veremos como racionalistas e empiristas entenderam, cada um a seu modo, a produção do conhecimento e o papel da razão e da experiência nesse processo. Muitas serão as questões e as divergências entre ambas as correntes de pensamento que ao longo da modernidade garantiram brilhantes e acaloradas discussões filosóficas.

Como uma tentativa de assimilação entre razão e experiência, no quinto capítulo deste trabalho descobriremos a resposta kantiana para esse problema gnosiológico. Por meio de três grandes críticas, Kant revolucionou a compreensão do conhecimento e sua profunda relação com a ética, a arte, a autonomia e o esclarecimento humanos.

Por fim, no sexto e último capítulo, visualizaremos os primeiros elementos e influências que levaram à formação do movimento romântico e idealista alemão, a crítica ao uso exacerbado da razão, o redescobrimento do sujeito e seus ideais, como a liberdade e a criatividade do espírito humano e das artes como a maior expressão da interioridade, os sentimentos, o amor à nação e à natureza, a grandeza do ser humano visto de uma perspectiva mais ampla e integral. Diante das inúmeras revoluções, do racionalismo e do materialismo, o romantismo e o idealismo alemão guardam a beleza do ser humano e seu lugar central na capacidade de conhecer e de ordenar o mundo.

Ao término de cada capítulo, além de indicações culturais, como livros e filmes, há exercícios de autoavaliação e atividades da aprendizagem. Como possibilidade de maior aprofundamento, também há comentários sobre alguns livros de referência relacionados a esse importante período da história e sua temática.

Desejamos que este humilde trabalho possa proporcionar maior aprofundamento sobre os conceitos fundamentais da história da filosofia moderna e, ao mesmo tempo, provocar o desejo de continuar os estudos e seguir mergulhando a fundo em pesquisas nesse que sem dúvida foi um dos momentos mais instigantes, corajosos e criativos do pensamento e do espírito humano.

Boa leitura! Bons estudos!

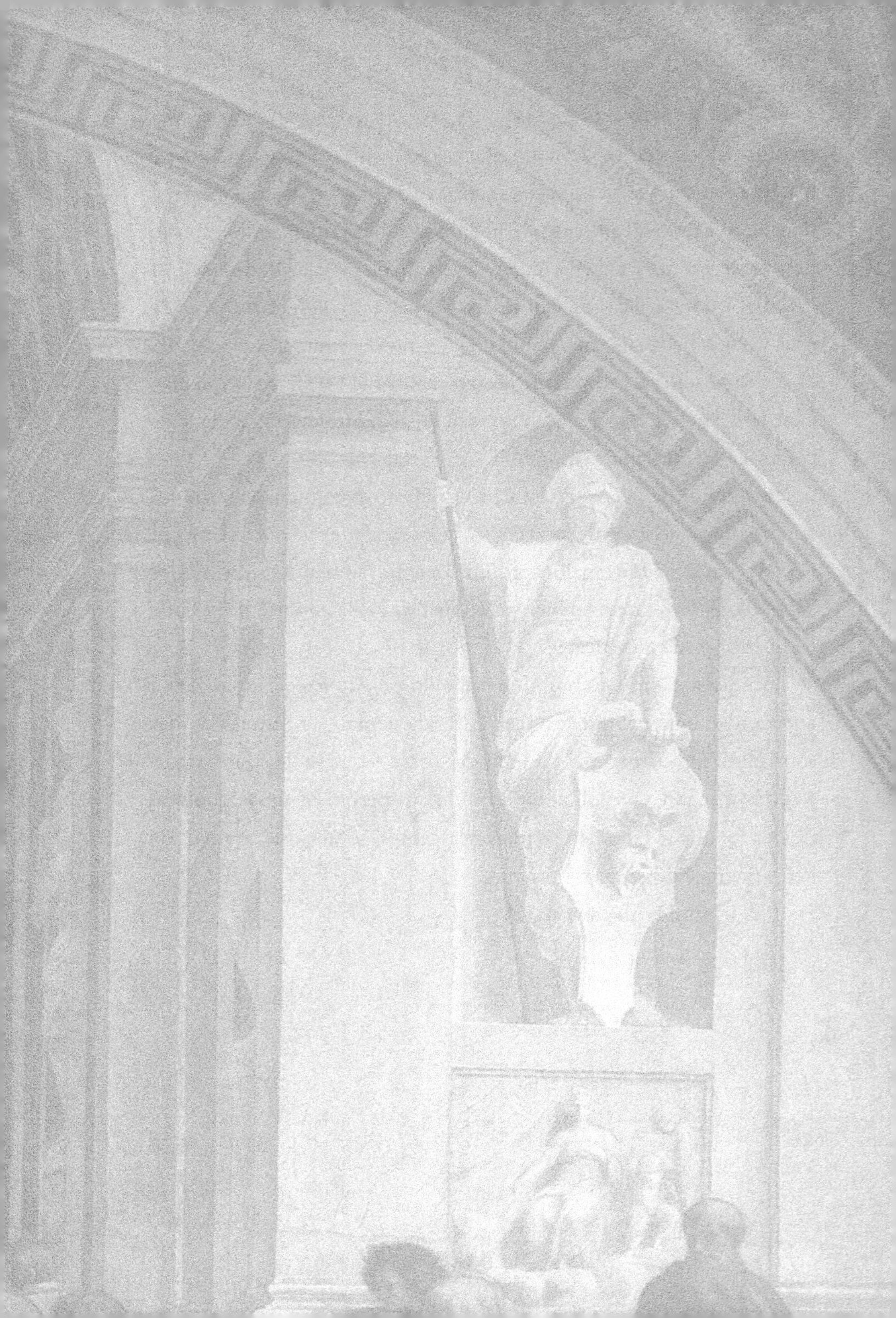

organização didático-pedagógica

E*sta seção tem* a finalidade de apresentar os recursos de aprendizagem utilizados no decorrer da obra, de modo a evidenciar os aspectos didático-pedagógicos que nortearam o planejamento do material e como o aluno/leitor pode tirar o melhor proveito dos conteúdos para seu aprendizado.

Introdução do capítulo

Logo na abertura do capítulo, você é informado a respeito dos conteúdos que nele serão abordados, bem como dos objetivos que o autor pretende alcançar.

Síntese

Você conta, nesta seção, com um recurso que o instigará a fazer uma reflexão sobre os conteúdos estudados, de modo a contribuir para que as conclusões a que você chegou sejam reafirmadas ou redefinidas.

Indicações culturais

Ao final do capítulo, o autor oferece algumas indicações de livros, filmes ou sites que podem ajudá-lo a refletir sobre os conteúdos estudados e permitir o aprofundamento em seu processo de aprendizagem.

Atividades de autoavaliação

Com estas questões objetivas, você tem a oportunidade de verificar o grau de assimilação dos conceitos examinados, motivando-se a progredir em seus estudos e a se preparar para outras atividades avaliativas.

Atividades de aprendizagem

Aqui você dispõe de questões cujo objetivo é levá-lo a analisar criticamente determinado assunto e aproximar conhecimentos teóricos e práticos.

Bibliografia comentada

Nesta seção, você encontra comentários acerca de algumas obras de referência para o estudo dos temas examinados.

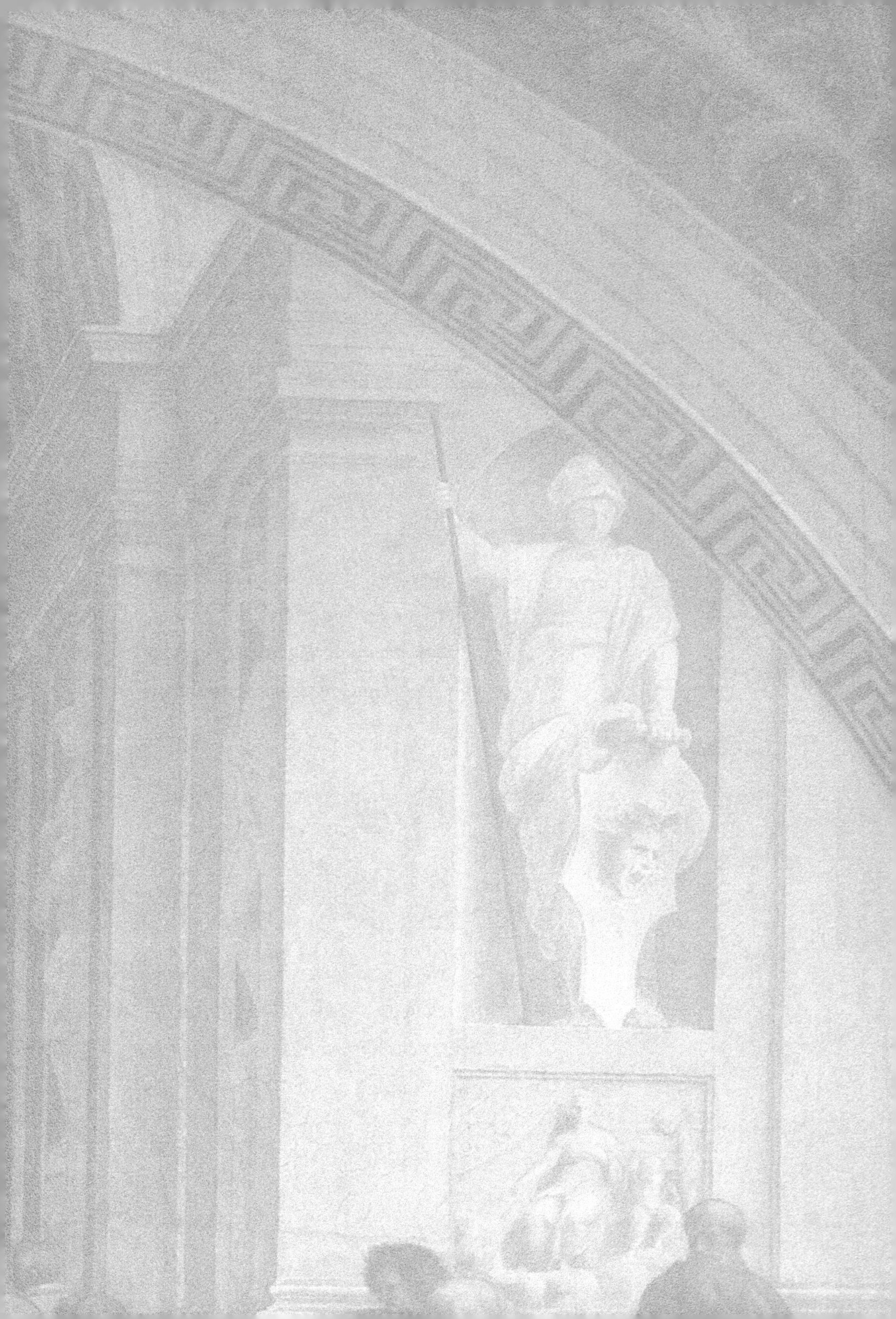

introdução

A *modernidade constitui* um dos períodos mais fecundos da história da filosofia. Muitos de seus pensamentos e intuições chegaram até a atualidade e interpelam todos a buscar, com a mesma coragem e dinamismo, respostas para o hoje. Consciente do papel da filosofia e de sua capacidade de transformação histórica, a presente obra tem por intento proporcionar uma reflexão sobre fatos, ideias e acontecimentos que tornaram a modernidade possível e fizeram dela uma das maiores expressões de pensamento, liberdade, autonomia e criatividade do espírito humano.

Instigando o pleno exercício do filosofar e a capacidade crítica do leitor, este livro busca proporcionar um olhar mais amplo sobre o processo que levou à passagem do período medieval para a modernidade. Fruto de inúmeras transformações nos campos artístico, cultural, social, religioso, científico e especialmente filosófico, esse período histórico viu irromper o nascimento de novas teorias sobre o funcionamento da natureza, uma nova compreensão do ser humano e de sua capacidade de conhecer o mundo que o cerca, novas formas de governo, além de acúmulo e produção de riquezas.

Sabendo ser este um período fecundo e complexo, levamos em consideração a impossibilidade de abarcar todos os autores e as questões da modernidade, fazendo alguns recortes e escolhas. Contudo, de maneira didática e propositiva, oferecemos uma importante e completa obra de referência para aqueles que estão se familiarizando com o estudo da filosofia, seus principais conceitos e história e ensaiando os primeiros passos no exercício de filosofar.

Destinada a todos os amantes do saber, especialmente a graduandos em Filosofia, esta obra pode ser uma importante ferramenta para a compreensão das principais ideias, correntes de pensamento, desdobramentos políticos e sociais da modernidade, visando a uma maior aprendizagem filosófica acadêmica e pessoal.

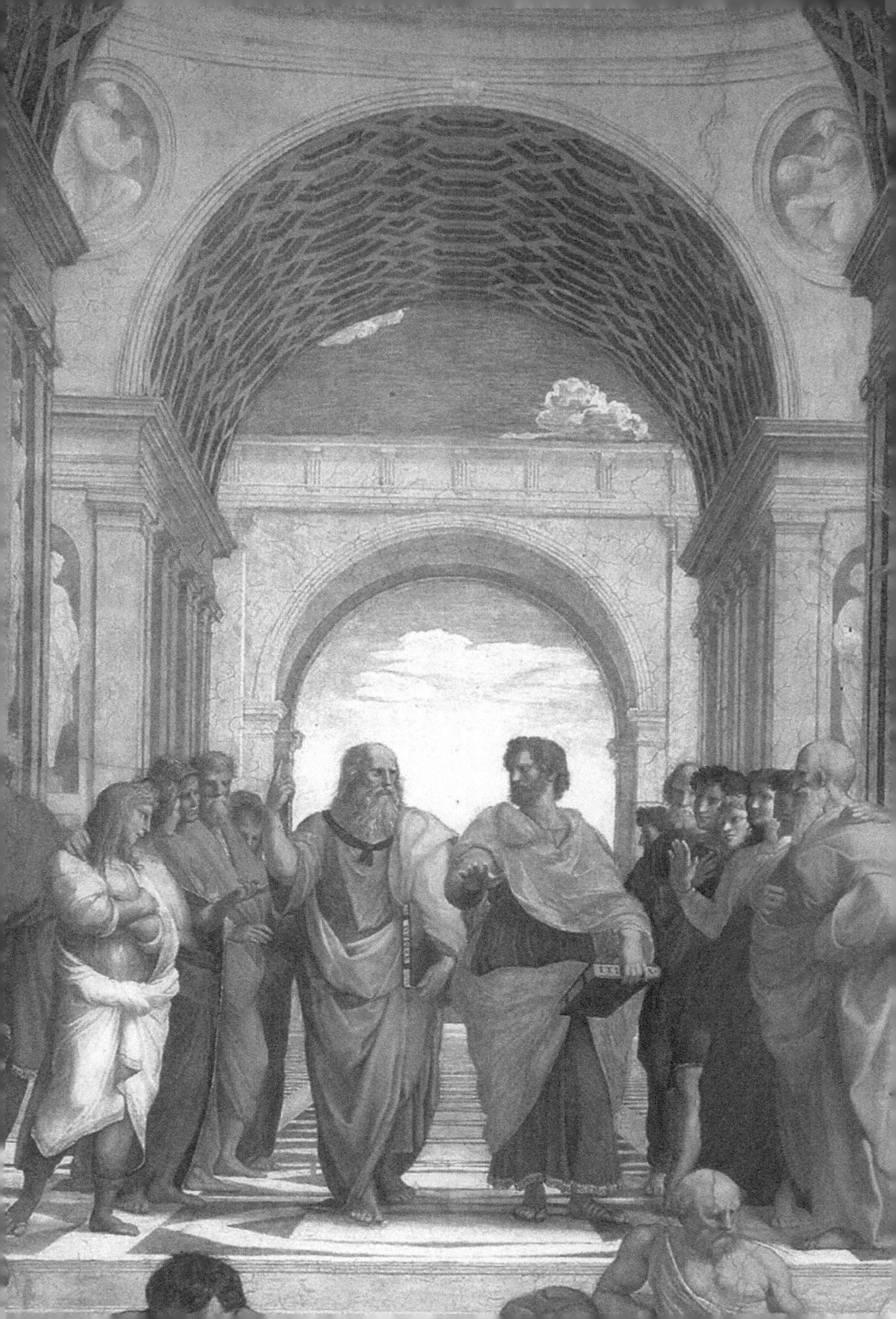

1
Condições históricas da modernidade

"O silêncio eterno desses espaços infinitos me apavora".
(Pascal)

A formulação do pensamento de Pascal marcou o início de um novo tempo na história da filosofia e da humanidade. Durante muito tempo, a Terra foi vista como o centro do Universo; com os avanços científicos, passou-se a entender que o Sol estava no centro do Universo. Essa mudança não afetou somente o mundo das ciências, mas também forjou uma nova mentalidade, além de provocar inúmeras transformações na concepção do trabalho, nas organizações familiar e social e na relação com as tradições religiosas e seus ensinamentos. A ciência medieval, que era pautada muitas vezes apenas na especulação, deu lugar à experiência, à tecnologia e à prática do saber.

O indivíduo, visto até então como alguém pertencente a uma família ou a uma linhagem, deu lugar àquele que produz, que transforma o mundo e a sociedade pela força de seu trabalho e por sua criatividade. Começou a tomar corpo o modo de produção capitalista, no qual a riqueza em terras se opõe ao valor da moeda, dos metais preciosos, da produção manufatureira em crescimento, da procura por outras terras e por mercados, por novas formas de produção e de especialização de mão de obra como modo de reduzir custos e aumentar lucros (Aranha; Martins, 2003).

A partir do fim da Idade Média, de modo especial no Renascimento, a religião, na figura da Igreja, suporte do saber na Idade Média, passou a sofrer diversos abalos com o questionamento da autoridade papal, a Reforma Protestante, o florescimento do protestantismo em toda a Europa e a inevitável destruição da unidade religiosa, que perdurava desde o século XI, quando houve a separação entre a Igreja do Ocidente e a Igreja do Oriente*.

Ao critério da fé e da Revelação, o indivíduo, que aos poucos se consolidou pelos novos valores da modernidade, encontrou no poder exclusivo da razão a possibilidade de discernir, distinguir, comparar e questionar o que até então era aceito de maneira quase totalmente pacífica. Contra as posturas dogmáticas da época, emergiu a possibilidade da dúvida; ao tecer uma mentalidade mais crítica, questionava-se a autoridade eclesial e o saber aristotélico de cunho especulativo. Assumiu-se

---

* Em 1054 houve um grande cisma, uma separação entre a Igreja Católica Apostólica Romana e a Igreja Católica Apostólica Ortodoxa, ocasião em que os líderes da Igreja de Constantinopla e da Igreja de Roma se excomungaram mutuamente, rompendo qualquer tipo de relação entre a Igreja do Ocidente e a Igreja do Oriente. Esse panorama mudou a partir de 1965, quando o Papa Paulo VI e o Patriarca Atenágoras de Constantinopla publicaram uma Declaração Conjunta se perdoando e reaproximando as igrejas em vista de maior unidade e comunhão.

uma atitude, no princípio bastante polêmica, perante a tudo o que se tinha – daquele momento em diante, somente a razão poderia oferecer bases concretas para a busca do conhecimento, o que desagradou a tradição religiosa.

Veremos, então, como o humanismo renascentista, a revolução científica, o antropocentrismo filosófico, o mercantilismo e a formação do Estado foram condições históricas fundamentais para o advento da modernidade e fizeram dela um fenômeno para toda a história da filosofia, marcando profundamente os pensamentos contemporâneo e atual.

1.1
Humanismo renascentista

Ao buscar compreender o significado de *humanismo*, encontramos duas explicações. O humanismo faz referência ao movimento literário que nasceu na Itália na segunda metade do século XIV, difundiu-se para os demais países da Europa e deu origem à cultura moderna. É pensado com base em todo e qualquer movimento filosófico que tenha como ponto de partida a natureza humana ou os limites e os interesses do homem*. A palavra *humanismo* foi usada pela primeira vez para designar a redescoberta cultural de autores clássicos e o espírito que lhes é próprio, em contraposição ao âmbito das disciplinas científicas (Reale; Antiseri, 1990).

---

* Entre as principais interpretações contemporâneas sobre o humanismo, duas ocupam maior destaque: Paul Oskar Kristeller procurou limitar fortemente seu significado filosófico e teorético, a ponto de eliminá-lo; já Eugenio Garin reivindicou energicamente uma precisa valência filosófica para o humanismo (Reale; Antiseri, 2009b).

Figura 1.1 – Davi, *de Michelangelo*

BUONARROTI, M. **Davi**. 1501-1504. Escultura: 517 × 199. Academia de Belas Artes, Florença.

O termo *humanismo*, porém, deriva do conceito de *humanitas*, que em Cícero (106 a.C.-46 a.C.) e em Aulo Gélio (125-180) significa educação ou formação espiritual do homem, na qual têm papel essencial as disciplinas literárias (Poesia, Retórica, História, Filosofia). Uma de suas maiores riquezas foi propor o retorno ao conhecimento da própria alma e a redescoberta da eloquência, das *humanae litterae* (humanidades). Para os humanistas, a verdadeira sabedoria consiste em **conhecer a si mesmo**, e o caminho (o método) para alcançar essa sabedoria está nas **artes liberais** [...] cultivadas oportunamente, [...] como **instrumentos** de formação espiritual" (Reale; Antiseri, 2009b, p. 21-22, grifo do original).

Assim, podemos dizer que *humanismo* significa o modo de pensamento que, embora com precedentes ao longo da época medieval, como Francisco Petrarca (1304-1374), apresentava-se de modo marcadamente novo, por suas peculiares modalidades e por sua intensidade, a ponto de marcar o início de um novo período na história da cultura e do pensamento (Reale; Antiseri, 2009b). De acordo com Reale e Antiseri (1990, p. 21, grifo do original):

> A essência do humanismo não deve ser vista **naquilo** que ele conheceu do passado, mas sim **no modo em que** o conheceu, na **atitude peculiar** que adotou diante dele. "É precisamente a atitude adotada diante da cultura do passado e diante do próprio passado que define claramente a essência do humanismo[*]. E a peculiaridade dessa atitude não se deve fixar em um singular movimento de admiração e afeto, nem em um conhecimento mais amplo, mas em uma **consciência histórica bem definida** [...] [Eugênio Garin]".

O humanismo é um aspecto fundamental do Renascimento, mais precisamente, o aspecto em virtude do qual há o reconhecimento do valor do homem em sua totalidade e a tentativa de compreendê-lo em seu mundo, que é o da natureza e da história. Teve sua origem nas inúmeras mudanças políticas, econômicas e sociais ocorridas a partir do declínio do período medieval, levando a alterações de comportamento, de crenças, de instituições, de valores espirituais e materiais transmitidos coletivamente e que atingiram uma rica e poderosa classe superior: a alta burguesia e a nobreza, excluindo os demais. Portanto, tratou-se de um movimento elitista.

---

[*] Os principais humanistas foram: os italianos Coluccio Salutati (1331-1406), Leonardo Bruni (1370-1444), Lorenzo Valla (1407-1457), Giannozzo Manetti (1396-1459), Leon Battista Alberti (1404-1472) e Marius Nizolius (1498-1576); os franceses Charles de Bovelles (1479-1566), Pierre de la Ramée (1515-1572), Michel de Montaigne (1533-1592), Pierre Charron (1541-1603), Francisco Sanchez (1550-1623) e Justus Lipsius (1547-1606); o espanhol Juan Luis Vives (1493-1540); e o alemão Rodolfo Agrícola (1443-1485).

Mas o período medieval não terminou subitamente em dado ponto nem a sociedade moderna veio à vida em outro. Alterações na mentalidade do homem, bem como nas preferências, na arte, na filosofia, na teologia, na economia e na política fizeram parte de um longo e complexo processo que teve início nos séculos anteriores e se estendeu aos mais diversos setores da sociedade (Mota; Braick, 1997). O pensamento filosófico renascentista ficou marcado pela redescoberta das obras de Platão e de Aristóteles*, desconhecidas ou pouco divulgadas na Idade Média, bem como pela recuperação de obras de grandes autores e artistas gregos e romanos. De acordo com Chaui (1997, p. 46), podem-se destacar três grandes linhas de reflexão que ganharam força nesse movimento:

1. *Aquela proveniente de Platão, do neoplatonismo e da descoberta dos livros do Hermetismo; nela se destacava a ideia da Natureza como um grande ser vivo; o homem faz parte da Natureza como um microcosmo (como espelho do Universo inteiro) e pode agir sobre ela através da magia natural, da alquimia e da astrologia, pois o mundo é constituído por vínculos e ligações secretas (a simpatia) entre as coisas; o homem pode, também, conhecer esses vínculos e criar outros, como um deus.*

2. *Aquela originária dos pensadores florentinos, que valorizava a vida ativa, isto é, a política, e defendia os ideais republicanos das cidades italianas contra o Império Romano-Germânico, isto é, contra o poderio dos papas e dos imperadores. Na defesa do ideal republicano, os escritores resgataram autores políticos da Antiguidade, historiadores e juristas, e propuseram a "imitação dos antigos" ou o renascimento da liberdade política, anterior ao surgimento do império eclesiástico.*

---

* A retomada do estudo de Aristóteles no período renascentista levou adiante os métodos próprios da "'escolástica' (leitura e comentários dos textos), mas enriquecendo-se com as novas influências humanistas, que exigiram dos estudiosos e pensadores peripatéticos que retornassem aos textos gregos" (Reale; Antiseri, 2009b, p. 6).

3. Aquela que propunha o ideal do homem como artífice de seu próprio destino, tanto através dos conhecimentos (astrologia, magia, alquimia), quanto através da política (o ideal republicano), das técnicas (medicina, arquitetura, engenharia, navegação) e das artes (pintura, escultura, literatura, teatro).

Também marcaram de modo significativo esse período filosófico:

a. o reconhecimento da historicidade do homem e de seus vínculos com o passado;

b. a busca de sentido pela redescoberta de textos da Antiguidade;

c. o reconhecimento da totalidade do homem como um ser formado por alma e corpo, destinado a viver no mundo e dominá-lo;

d. a superação da visão negativa sobre o prazer e os sentimentos humanos, com o resgate e a reivindicação do valor do prazer;

e. a afirmação da importância do estudo das leis, da medicina e da ética contra a metafísica*;

f. a valorização da superioridade da vida ativa sobre a vida contemplativa;

g. a exaltação da dignidade e da liberdade do homem, reconhecendo seu lugar central na natureza e seu destino como dominador desta.

Em termos literários, vale a pena ressaltarmos que, na Idade Média, havia a presença de textos antigos, mas o que caracteriza o humanismo é a exigência da descoberta do verdadeiro rosto da Antiguidade, em seus padrões artísticos, culturais e literários, libertando-os dos sedimentos acumulados (Abbagnano, 2000).

---

* Conceito filosófico desenvolvido com base em Aristóteles e que faz referência ao estudo daquilo que está além da física, no ser divino e em seus atributos, os primeiros princípios e causas de todas as coisas, das propriedades ou dos atributos gerais dos seres. No universo religioso, designa a busca de respostas e de sentido no transcendente, no sagrado, que está além deste mundo, em outra realidade.

1.1.1 Tempo de mudanças

De modo natural, assim como as raízes da Renascença devem ser buscadas na Idade Média, as raízes do mundo moderno devem ser procuradas na Renascença. Conforme Aranha e Martins (2003), a modernidade representa a culminação de um processo em que se subverteu a imagem do próprio ser humano e do mundo que o cerca. Seguindo a reflexão de Aranha e Martins (2003, p. 130):

> A emergência da nova classe dos burgueses determina a produção de uma nova realidade cultural, a ciência física, que se exprime matematicamente. A atividade filosófica, a partir daí, reinicia um novo trajeto: ela se desdobra como uma reflexão cujo pano de fundo é a existência dessa ciência.

Conforme Reale e Antiseri (2009b), podemos dizer que, assim como o fim da Idade Média foi marcado pela transformação da economia mundial, impulsionada pelas navegações e por suas descobertas, o espírito do Renascimento foi marcado pela revolução no campo das ciências. Destacam os pensadores que "essa revolução assinala precisamente o epílogo, não a 'marca' da Renascença e sua têmpera espiritual em geral" (Reale; Antiseri, 2009b, p. 13). Em consonância com essa análise, para Chaui (1997, p. 46):

> A efervescência teórica e prática foi alimentada com as grandes descobertas marítimas, que garantiram ao homem o conhecimento de novos mares, novos céus, novas terras e novas gentes, permitindo-lhe ter uma visão crítica de sua própria sociedade. Essa efervescência cultural e política levou a críticas profundas à Igreja Romana, culminando

na Reforma Protestante, baseada na ideia de liberdade de crença e de pensamento. À Reforma a Igreja respondeu com a Contra-Reforma [Concílio de Trento] e com o recrudescimento do poder da Inquisição.

Na aurora de um novo tempo, o humanismo renascentista passou a significar a gênese de uma nova civilização, marcada por grandes transformações culturais, religiosas políticas e sociais. Ao propor um retorno ao estudo de obras clássicas, o humanismo e a Renascença – que são, em muitos aspectos, lados de uma mesma moeda – propiciaram uma espécie de "regeneração" ou "reforma espiritual" tão necessária e fundamental para aquele período. Podemos entender o humanismo renascentista como a tomada de consciência de uma missão tipicamente humana, como o renascimento do espírito humano e de tudo aquilo que a ele está ligado e implícito; um tempo de aperfeiçoamento e de reconhecimento do humano por sua própria humanidade (Reale; Antiseri, 1990).

Para pesquisar

A Modernidade se iniciou com o declínio da Idade Média, após inúmeras transformações provocadas pelo Renascimento. Você já se questionou sobre quais critérios foram usados para determinar o fim de um período e o início de outro? Seria possível pensar cronologicamente o desenvolvimento do pensamento filosófico de maneira diferente? Pesquise os inúmeros posicionamentos sobre o assunto.

Figura 1.2 – **Homem Vitruviano**, *de Leonardo da Vinci*

VINCI, L. da. **Homem vitruviano**. 1490. Lápis e tinta sobre papel, 34 × 26 cm. Gallerie dell'Academia, Veneza.

1.2
Revolução científica

Durante o período medieval, os saberes, o conhecimento humano e os avanços científicos estavam profundamente vinculados a uma concepção religiosa que colocava barreiras para os desenvolvimentos científico e tecnológico. Com o movimento provocado pelo humanismo renascentista, houve a necessidade de uma reformulação do modo de se constatar e de se observar os fenômenos da natureza. Da prática de fazer ciência com base tão somente nas narrativas bíblicas, na especulação e na busca pela compreensão da essência das coisas, a modernidade viu eclodir uma nova maneira (método) pautada na experiência, na prática, na manipulação, na possibilidade da verificação e de demonstração daquilo que se desejava provar ou estabelecer como verdade.

A inauguração desse novo tempo marcou a ruptura entre o desejo humano de conhecer o funcionamento natural do Universo e os cosmovisões e cosmogonias estipuladas pelo universo religioso, que não conferiam autonomia e liberdade a cientistas e pesquisadores, os quais buscavam outros caminhos de resposta para as inúmeras questões sobre o ser humano e sua existência. Diversas foram as contribuições para que o advento da ciência moderna se tornasse uma realidade. Movimentos sociais, culturais e até mesmo religiosos de caráter humanista sentiram a necessidade de compreender o mundo além das teodiceias*, de uma compreensão puramente religiosa para uma ação mais crítica e independente.

Assim, a ciência desenvolveu novos instrumentos e novas ferramentas e se aperfeiçoou na capacidade de observar e de compreender os fenômenos da natureza. As comprovações empíricas e ao mesmo tempo racionais ganharam espaço e reduziram as interferências e intransigências do período medieval. Os efeitos de um novo estatuto científico da modernidade mudaram para sempre os rumos da humanidade. Com descobertas e superação de antigas teorias, a ciência se tornou metódica, rigorosa e muito mais objetiva, propiciando a formação de uma nova mentalidade, em que as verdades não eram mais metafísicas ou a-históricas, mas precisavam ser demonstradas, verificadas e reconhecidas por uma comunidade formada por pesquisadores e cientistas (academia).

---

* As teodiceias buscam compreender as relações humanas e os fenômenos da natureza com base em conceitos teológicos e metafísicos.

Partindo desses pressupostos, a revolução científica pode ser considerada um fecundo movimento de ideias que, após a obra de Nicolau Copérnico (1473-1543) e de Johannes Kepler (1571-1630) e seus desdobramentos em Galileu Galilei (1564-1642), Francis Bacon (1561-1626) e René Descartes (1596-1650), exprime sua madura configuração na imagem newtoniana do universo-relógio*. Nos anos que intercorreram entre Copérnico e Newton, a imagem do Universo mudou, assim como as ideias sobre ciência, trabalho científico e instituições científicas, sobre as relações entre ciência e sociedade e entre a composição do saber científico e tecnológico e os dados da fé e da revelação.

De acordo com Reale e Antiseri (2009b), ao definir a Terra como o centro do Universo, Copérnico inevitavelmente deslocou o homem de Deus. A Terra deixou de ser o lugar privilegiado da criação, designado por Deus a um homem concebido como o ponto mais nobre e mais elevado da criação. A imagem de mundo, a imagem do homem e a imagem da ciência foram alteradas. A ciência não era mais "a intuição privilegiada do mago ou do astrólogo singular nem o comentário ao filósofo ou ao médico que disse 'a verdade'" (Reale; Antiseri, 2009b, p. 139). Ainda conforme Reale e Antiseri (2009b, p. 139), "a ciência não será mais um discurso sobre 'o mundo de papel', mas será um discurso sobre o mundo da natureza; um discurso dirigido à obtenção de proposições verdadeiras, experimentalmente e portanto publicamente controláveis sobre os fatos".

---

* Ao descobrir o papel fundamental do Sol na organização dos planetas em perfeita harmonia, Newton pensou o Universo como um enorme relógio: os planetas, as estrelas e o Universo no geral seriam as peças da engrenagem.

1.2.1 Método experimental

Uma das maiores grandezas da ciência moderna foi a ideia de método – mais especificamente de **método hipotético-dedutivo**. "Tornaram-se necessárias hipóteses como tentativas de solução de problemas; [...] das quais se deduzem consequências experimentais publicamente controláveis" (Reale; Antiseri, 2009b, p. 139). Nasceu uma ciência metodológica e publicamente controlável que exigia novas instituições acadêmicas e laboratórios abertos a discussões, a debates e a confrontos.

Figura 1.3 – Nicolau Copérnico

André Müller

O novo estatuto científico levou à rejeição do pensamento essencialista próprio da filosofia aristotélica e colocou em rota de colisão os novos cientistas e a Igreja, como Galileu, obrigado, várias vezes sem êxito, a renunciar suas ideias e suas posturas. A ciência de Galileu e de seus sucessores não se indagaria mais sobre a substância, e sim sobre a função, a funcionalidade e a harmonia do mundo e da natureza. A partir de Copérnico e de Galileu, uma nova imagem de mundo foi produzida e transformou profundamente a concepção sobre física, astronomia, medicina, entre outros saberes (Granada, 2012).

Vale a pena ressaltarmos que a rejeição do essencialismo aristotélico não significa que o processo da revolução científica se construiu sem os necessários e importantes pressupostos filosóficos. Nessa perspectiva, basta recordarmos "que o tema neoplatônico de um Deus que geometriza e que cria um mundo, imprimindo nele uma ordem matemática e geométrica, é uma ideia que atravessa a pesquisa de Copérnico, de Kepler e de Galileu" (Reale; Antiseri, 2009b, p. 140).

De acordo com Reale e Antiseri (2009b), tomando como referência o processo que levou à ciência moderna, a historiografia mais atualizada considerou a importante presença da tradição da mágica e da hermética. Contudo, a compreensão científica moderna foi construída com base em um saber público, verificável, controlável e, acima de tudo, prático (experimental). Para isso, o cientista deixou de ser o mago, o astrólogo ou o professor medieval comentador de textos antigos, passando a pesquisador experimental, que usa instrumentos mais precisos e consegue vincular e demonstrar a teoria na prática e na prática definir a teoria, alguém que, de fato, "convalida teorias com experimentos realizados por meio de operações instrumentais com e sobre objetos" (Reale; Antiseri, 2009b, p. 140).

Para além das discussões sobre como e em que momento exato teria nascido a ciência moderna, o importante é reconhecermos que, a partir da modernidade, ela ganhou mais autonomia e por meio de suas novas técnicas, máquinas e instrumentos passou a poder se aperfeiçoar constantemente. A ciência é obra e esforço de todos os cientistas e daqueles que acreditam e desenvolvem seu método. Como ciência experimental, encontra confirmação e respaldo por meio de experimentos e de sua demonstração (Reale; Antiseri, 2009b).

A revolução científica inaugurou uma nova forma de saber, diferente dos saberes religioso, astrológico e artesanal. O cientista não precisava mais dominar latim, grego, hebraico ou ser teólogo, homem de fé, pois havia se tornado aquele que pertence a uma sociedade científica, a uma academia, um profissional respeitado e autônomo: "O nexo entre teoria e prática, entre saber e técnica propicia um fenômeno ulterior que acompanha o nascimento e o desenvolvimento da ciência moderna, isto é, do crescimento da instrumentação" (Reale; Antiseri, 2009b, p. 140).

Sobre esse aspecto, Reale e Antiseri (2009b) ainda enfatizam que, com a revolução científica, os instrumentos (telescópio, microscópio, luneta) colocaram a produção de conhecimento dentro da própria ciência e voltado para ela: a revolução científica sancionou a legalidade dos instrumentos científicos, a autonomia, a experiência, a demonstração, a verificabilidade, como marcas e traços fundamentais na busca e na construção do conhecimento sobre o mundo, a natureza e, especialmente, sobre o homem.

Na aurora da modernidade, a revolução científica inaugurou uma consciência sobre os fenômenos da natureza e da compreensão do funcionamento do Universo e, por meio de novos instrumentos construídos, tornou possível a demonstração empírica de suas teorias, análises e observações, superando as simples especulações teóricas.

Para discutir

A *Idade Média* foi um importante período na história do pensamento filosófico. Para alguns pensadores, representa apenas um tempo de sombras; para outros, foi um tempo de profundo desenvolvimento cultural, artístico e acadêmico.

Em grupo, busque compreender a origem e os argumentos de cada uma dessas posturas e quais alcances, limites, problemas e pré-conceitos apresentam.

1.3
Antropocentrismo filosófico

Como pano de fundo das transformações provocadas pelo humanismo renascentista e pela revolução científica esteve a nova compreensão sobre o homem e seu lugar de destaque na vida e no mundo. Com a derrocada do teocentrismo, pensamento no qual Deus ocupava o centro de tudo, o antropocentrismo filosófico renascentista reservou na modernidade o centro do Universo ao homem e a suas questões. Com isso, o homem passou a desenvolver sua capacidade de construir e de descobrir verdades por meio de suas próprias habilidades e percepções; com a emancipação e o reconhecimento de sua potencialidade, sentiu que poderia deixar sua marca no mundo, no Universo e na vida com o trabalho de suas mãos e com a força de suas ideias e de seus pensamentos.

Desvinculando-se da compreensão divina de sua existência, o homem passou a construir coisas a sua imagem e semelhança. Escolheu seu próprio passado e teve a capacidade de deixar um testemunho de sua existência com base em sua excelência e na imortalidade presente em suas obras e seus pensamentos. Em certa medida, porém, essa atitude implicou um considerável conflito com as concepções religiosas que buscavam o controle dos indivíduos, o que levou muitas pessoas para o ateísmo e, consequentemente, à perseguição destas.

A reafirmação da importância do ser humano como centro do mundo e da vida se deu em vários aspectos e campos da sociedade, como ciências, filosofia, políticas e artes de modo geral. Tomaremos como exemplo as palavras de William Shakespeare (1564-1616), em *Hamlet*: "Que obra de arte é o homem: tão nobre no raciocínio, tão vário na capacidade; em forma o movimento, tão preciso e admirável; na ação é como um anjo; no entendimento é como um Deus; a beleza do mundo [...]" (Mota; Braick, 1997, p. 134).

*Figura 1.4 – **William Shakespeare***

Everett Historical/Shutterstock

Como marca de um novo tempo, o antropocentrismo filosófico se caracterizou pela concepção de homem como centro do Universo, de todas as ações, expressões culturais e artísticas da filosofia e da história. Foi a chegada de uma nova era, de um tempo em que se passou a valorizar a razão, o homem em sua totalidade e a matéria; em que o prazer de viver e de transformar o mundo pelas ciências não era um pecado, mas um reconhecimento das potencialidades do ser humano e de sua capacidade de realização neste plano, e não em um mundo a-histórico, transcendente, puramente metafísico.

As preocupações dos filósofos antropocentristas se davam em três grandes temas: o homem, a sociedade e a natureza. Eram profundamente questionadores, críticos e manifestavam com tranquilidade seus pensamentos, preocupados em problematizar a realidade e os dramas da vida. O antropocentrismo proporcionou a ideia do homem como um ser racional, sujeito, senhor de si e do mundo, capaz de explicar tudo por meio da razão e da ciência. Em termos de contribuição, o antropocentrismo filosófico evocou o nascimento do sujeito desprendido da multidão e da massa.

A modernidade inaugurou um novo processo, no qual projetou o crescimento do homem e a utilização de sua razão e capacidade de pensar. A razão, desprendendo-se do universo e da atmosfera medieval, tornou-se mais autônoma ao buscar respostas palpáveis para os problemas humanos e para as questões existenciais. Tendo buscado até então respostas apenas nas dimensões religiosa e sagrada, o homem moderno voltou os olhos para si, descobriu-se como pessoa, como sujeito, como alguém que tem sonhos, projetos e questões particulares que antes estavam vinculadas à ideia de coletividade.

1.3.1 Noção de sujeito

A modernidade trouxe à tona e se apropriou de uma nova compreensão do sujeito, a qual durante muito tempo esteve vinculada ao religioso, com certa transferência do sujeito de Deus ao homem. Ao colocar o ser humano como centro das discussões mediante processos de secularização da sociedade, iniciou-se um caminho de "re-humanização", uma recomposição do sujeito, livre de amarras, capaz de pensar por si próprio, de conhecer o mundo que está a sua volta, interagir com ele, governá-lo com base em seus esforços, em sua capacidade de transformação.

Ao reconhecer a importância do ser humano e a afirmação do sujeito, a filosofia, que em suas investigações e reflexões partia primeiramente do conhecimento de Deus para depois se referir ao homem, começou a indagar a capacidade deste de abstrair e de demonstrar a verdade dos conhecimentos. A partir de uma concepção antropológica positiva do ser humano, a filosofia começou pela reflexão, pelo filosofar, pela volta do pensamento sobre si mesma, a realidade e a vida para desdobrar sua capacidade de conhecer (Chaui, 1997).

Com uma atitude reflexiva, o sujeito desenvolveu profunda e autêntica consciência de si. Como sujeito de sua vida e de sua própria história, reconheceu sua capacidade e sua habilidade de conhecer, de interagir e de experimentar o mundo que o cercava, que o envolvia. Para o homem movido pelos princípios e pelos pressupostos da modernidade, por dados e elementos exteriores, como a natureza, tornou-se possível conhecer a vida social e a política, desde que fossem consideradas representações, ideias ou conceitos formulados pelo sujeito do conhecimento. É a realidade vista como sistema racional de mecanismos.

Reconhecendo o sujeito como fundamental na aquisição do conhecimento, a realidade, concebida como sistema racional de mecanismos físico-matemáticos, deu origem à ciência clássica, isto é, à mecânica, por meio da qual são descritos, explicados e interpretados todos os fatos da realidade: Astronomia, Física, Química, Psicologia, Política e Arte são disciplinas cujo conhecimento é mecânico, com relações necessárias de causa e de efeito entre um agente e um paciente. Nessa perspectiva, a realidade é um sistema de causalidades racionais rigorosas que podem ser conhecidas e transformadas pelo homem.

Nasceu, assim, a ideia de experimentação e de tecnologia (conhecimento teórico que orienta intervenções práticas) e o ideal de que o homem pode dominar tecnicamente a natureza e a sociedade. Para Chaui (1997, p. 57), nesse período predominou "a ideia de conquista científica e técnica de toda a realidade, a partir da explicação mecânica e matemática do Universo e da invenção das máquinas, graças às experiências físicas e químicas". Ainda de acordo com a autora:

> Essa concepção da realidade como intrinsecamente racional e que pode ser plenamente captada pelas ideias e conceitos provocou uma grande mudança intelectual na

modernidade. A realidade, a partir de Galileu, é concebida como um sistema racional de mecanismos físicos, cuja estrutura profunda e invisível é matemática. O "livro do mundo", diz Galileu, "está escrito em caracteres matemáticos". (Chaui, 1997, p. 56)

Essa interpretação se dá com base na vida, pelo próprio ser humano e sua capacidade, sem a necessidade de buscar respostas exteriores ou metafísicas, ou seja, por meio da razão e da tecnologia, o sujeito é capaz, por si só, de decifrar os princípios e os códigos da natureza.

Ao se descobrir como sujeito, o homem moderno trouxe para si a responsabilidade sobre seu próprio destino e, com o uso da razão e das ciências experimentais, passou a descobrir o mundo que o envolve e, ao mesmo tempo, a se desafiar a superá-lo, rompendo todo tipo de barreira e de limites.

Para pensar

A *valorização* da autonomia humana foi fundamental para o desenvolvimento do pensamento filosófico ao longo da modernidade. O antropocentrismo filosófico tornou o homem mais humano? Quais questões brotam desse tema? Como se pode pensar temas como alteridade, respeito, direitos, inclusão social, cuidado com o meio ambiente e não violência?

1.4
Desenvolvimento mercantilista

A *modernidade,* fundada sob uma nova compreensão científica e antropológica, manifestou profundo interesse em compreender as bases econômicas das vidas social e política, partindo de uma reflexão sobre a origem e a forma das riquezas das nações. Com o avanço das navegações, especialmente em direção ao continente americano, a expansão de territórios, a aquisição de novas colônias e a conquista de novas rotas comerciais, os países europeus desenvolveram uma política econômica e financeira que visava estabilidade, prosperidade e segurança.

Figura 1.5 – Navios mercantes

Buscando exportar mercadorias mais do que importar, e assim não permitir que as riquezas deixassem os países, essa política econômica e financeira ficou conhecida como **mercantilismo**. Entre outras características, três são fundamentais para facilitar sua compreensão: a) a intervenção protecionista do Estado; b) o acúmulo de metais preciosos (metalismo), como ouro e prata; c) o colonialismo, fonte de matéria-prima, de metais e de garantia de comércio. "O mercantilismo deve ser entendido como o conjunto de ideias e práticas econômicas, que caracterizaram a história econômica europeia e, principalmente, a política econômica dos Estados modernos europeus durante o período situado entre os séculos XV, XVI e XVIII" (Falcon, 1991, p. 11).

Do ponto de vista dos negócios, o processo de desenvolvimento econômico fez da Europa a líder comercial do mundo desde a modernidade até meados do século XX. Entre vários fatores, destacamos a interação de variáveis políticas e sociais e de elementos materiais representados pelas características do relevo, do clima, da vegetação e de sua localização privilegiada entre rios e mares. Com a crise e a descentralização do feudalismo e com o objetivo de ampliar os negócios, alguns nobres toleraram e até incentivaram em seus domínios atividades de mercadores, de banqueiros, de negociantes de armas e de artesãos, indivíduos autônomos e importantes na estrutura social. Somaram-se a essa circunstância a paisagem diversificada e a variedade climática responsáveis pela existência de diferentes produtos apropriados para trocas (Mota; Braick, 1997).

Entre outros elementos que favoreceram a expansão comercial europeia,

> provavelmente, a característica mais importante desse comércio era a de consistir principalmente de produtos transportáveis a granel – madeira, cereais, vinho, lã, arenques e outros – atendendo à crescente população da Europa do século XV, e não os artigos de luxo levados pelas caravanas orientais. Mais uma vez, a geografia desempenhou papel crucial, pois o transporte dessas mercadorias por água era muito mais econômico, e a Europa dispunha de muitos rios navegáveis. O fato de estar cercada por mares foi mais um incentivo para a vital indústria de construção naval, e em fins da Idade Média um florescente comércio marítimo processava-se entre o Báltico, o mar do Norte, o Mediterrâneo e o mar Negro. (Kennedy, 1989, p. 26, 28)

Aos poucos e de maneira desigual, iniciou-se, principalmente na Europa ocidental, uma centralização da autoridade política, fundamental ao desenvolvimento econômico. Ante a expansão dos negócios e à necessidade de assegurar o bem-estar das nações e de grupos monopolizadores, o mercantilismo se consolidou como uma "política econômica" com características de "acumulação primitiva", ou seja, de um fluxo contínuo de riquezas entre os explorados e os exploradores, coordenado por uma burguesia em ascensão, a qual garantia privilégios, lucros e exclusividade, defendendo seus níveis de renda por meio da proteção estatal e assegurando bases políticas e institucionais para fazer valer seus interesses materiais em relação não apenas à nobreza, mas também ao campesinato e aos artesãos, progressivamente reduzidos à condição de proletariado rural e urbano (Falcon; Moura, 1991).

Partindo do princípio de que quanto maior fosse o lucro da burguesia, maior seria a arrecadação do Estado (nação), quanto maior fosse a diferença entre os valores exportados e os importados, maior seria o volume de riquezas mantidas no país (ouro e prata), houve uma diferença entre as estratégias e as práticas mercantilistas de cada governo europeu, que não necessariamente seguiram os mesmos caminhos político, econômico e financeiro. O fato é que, por práticas mercantilistas distintas, verificou-se uma expansão comercial sem precedentes, pautada por uma competição predatória.

Dessa selva econômica, saíram vencedores os países que demonstraram capacidade de adaptação e de competitividade. Seguindo o raciocínio de Mota e Braick (1997), veremos a seguir algumas práticas e diretrizes que emergiram desse universo.

1.4.1 Práticas mercantilistas

Os **metalistas** ou *bulionistas* preconizavam que a riqueza estava vinculada à capacidade de conseguir acumular o máximo de ouro e de prata, vindos em boa parte de colônias na América. Essa prática consistia em evitar ao máximo as importações, a fim de impedir a saída de metais preciosos do país por meio de restrições ou protecionismos em contratos comerciais.

O conceito de **balança comercial credora** teve como resultado duas práticas que ficaram conhecidas como *industrialismo* (efeitos da Revolução Industrial) e *comercialismo* (venda de produtos manufaturados). O objetivo era promover um *superavit* da balança comercial, exportando mais do que importando, o que permitia o ingresso de riquezas no Estado nacional, expresso em entrada de moeda metálica.

O **cameralismo** foi a política econômica praticada pelos cameralistas e visava à captação de recursos e de riquezas por meio de um sistema de tributação muito bem elaborado. Por meio de inúmeros impostos, havia um controle aduaneiro com o objetivo de evitar exportação de matéria-prima e importação de produtos manufaturados. Toda produção agrícola e manufatureira nacional era controlada dos pontos de vista econômico, financeiro e comercial.

Já o **colonialismo** foi a política econômica empregada por inúmeros países europeus, que muitas vezes pela força e pela violência incorporaram extensas regiões territoriais a seus domínios com o objetivo de explorar riquezas naturais, como metais preciosos, gêneros alimentícios, matéria-prima e mão de obra, especialmente nos continentes africano e americano. Entre as colônias e os países responsáveis havia uma relação de exclusivismo comercial, em que todos os bens e serviços deveriam favorecer a matriz, não havendo espaço para concorrência. Assim, por meio de monopólio, as importações e as exportações tornavam os comerciantes europeus ainda mais ricos e os colonizados ainda mais pobres e dependentes. No continente americano, os maiores exploradores foram Portugal e Espanha.

O mercantilismo deve ser entendido como a transição do sistema econômico feudal para o modelo capitalista, por aglutinar características tanto de um quanto de outro. Com características próprias e específicas, esse período de transição feudal/capitalista pode ser designado como *fase final do feudalismo*, era *do capitalismo comercial* e até mesmo *era mercantilista*. De acordo com Falcon e Moura (1991), a grande variedade com que se realizou a "acumulação primitiva do capital" (riquezas) se deu especialmente em três setores:

1. **Agricultura:** O processo de acumulação se deu por meio de transformações agrárias conhecidas como *cercamentos* ou *enclosures*, com a mudança da propriedade agrícola para empresa manejada segundo critérios de lucro e de princípios individualistas.
2. **Indústria:** Houve maior investimento em vista da possibilidade de maior lucro com a transformação em larga escala de matéria-prima em produtos mais rentáveis; quanto mais se ganhava, mais se investia na indústria. Nesse processo, a manufatura assumiu uma importância muito grande, porque era em seu interior que se fazia sentir cada vez mais a crescente diferenciação entre os detentores do capital e os assalariados (artesãos e operários).
3. **Mercantil:** O comércio foi uma das principais fontes de acúmulo de riquezas em inúmeros países europeus. Havia grandes disputas por rotas comerciais, o que ocasionou muitos conflitos e guerras. Como o escoamento dos produtos se dava pelo mar, em grandes embarcações, a pirataria se tornou algo muito frequente e, ao mesmo tempo, um desafio e uma oportunidade para as relações de compra e de venda. À sombra da conquista, a exploração das colônias tornou realidade um grandioso sistema de acumulação edificado por meio da extração, da produção e do comércio.

Essencial para o desenvolvimento político e econômico na modernidade, o mercantilismo, com o passar do tempo, encontrou uma profunda crítica no liberalismo, ainda que tenha resistido como prática econômica durante bom tempo. Para os liberalistas, a diferenciação entre a quantidade de metais preciosos dentro do território e a riqueza era simplesmente falsa. Em sua compreensão, inúmeras e altas taxas alfandegárias, pensadas para manter a balança comercial positiva, não traziam mais dinheiro para os países.

Em vista de maior e real segurança econômica, a atividade comercial deveria ser livre, independente do território, uma vez que a riqueza não era equivalente ao acúmulo das reservas monetárias, mas sim relacionada com a produção de bens, o que, para o mercantilismo, era uma ideia totalmente equivocada. Não foi simples a passagem do mercantilismo para o capitalismo e sua política liberal, contudo provocou inúmeras transformações nos modos de produção, de comércio, de acúmulo de bens e de riquezas (Lima; Pedro, 2005).

Para debater

> *O processo de colonização* do continente americano provocou inúmeras cicatrizes. Povos e culturas foram dizimados, riquezas e bens naturais foram saqueados. Em grupo, debata sobre as consequências da colonização, como ela foi vista por diferentes setores e de que forma suas causas e seus efeitos ainda estão presentes na sociedade. Aborde questões como escravidão, subdesenvolvimento, preconceito racial, justiça, ética e valores humanos.

1.5
Formação do Estado Moderno

Paralelamente às transformações provenientes da modernidade no campo do conhecimento, na emancipação do homem como sujeito autônomo, nas práticas econômicas e de produção de riquezas, podemos verificar também inúmeras mudanças na concepção política, na organização da sociedade e nas formas de governo que se consolidaram com o passar do tempo. O nascimento e a concepção do Estado Moderno estão vinculados à fragmentação e ao declínio do sistema feudal.

Figura 1.6 – Castelos medievais

LorenaCirstea/Shutterstock

No feudalismo, não havia Estados nacionais centralizados; os senhores feudais eram quem controlavam e administravam os poderes políticos, econômicos, jurídicos e sociais sobre seus territórios, governando de maneira isolada, com força diluída e sem um núcleo específico. Cada feudo tinha autonomia para estabelecer impostos, garantir a liberdade dos cidadãos e estabelecer a justiça entre as pessoas; eram conduzidos pelos senhores feudais com a participação dos governantes das principais cidades (comunas) e do clero, representado por autoridades da Igreja (papa e bispos).

Com a crise do sistema feudal em consequência de inúmeras revoltas camponesas e do crescente desenvolvimento comercial no continente europeu, a burguesia em ascensão passou a exigir elementos que garantissem sua evolução e uma maior participação política, econômica e social. Diante desse novo contexto, surgiu a necessidade de uma nova forma de governo, mais estável, capaz de centralizar e agilizar os serviços essenciais para a sociedade com uma moeda única e forte, com menor carga tributária sobre produtos e serviços e menor influência de governantes nas transações comerciais.

Acompanhando as transformações no contexto socioeconômico-cultural, o Estado Moderno nasceu como fruto de um longo processo histórico: iniciou-se com a formação e a unificação dos Estados nacionais, perpassou a monarquia e seus estágios até a compreensão do Estado democrático e liberal. As principais características do Estado Moderno foram o poder centralizado no soberano, a criação de um único exército, a unificação da administração, a criação do sistema burocrático, a centralização dos serviços do Estado, a prerrogativa de criar impostos e leis para o bem-estar da nação e a definição do poder de prender, julgar e punir criminosos, baderneiros e agitadores.

Ao longo de todo o período medieval, a figura do rei encontrou grande destaque e seu poder foi confrontado com os poderes da Igreja e da nobreza presentes em seu território. Ao fim do século XIV e durante o século XV, em muitos países, como Portugal, França, Espanha e Inglaterra, começaram a surgir as monarquias nacionais, fortalecendo ainda mais a figura do rei, uma vez que centralizava em suas mãos o poder de toda a nação. Contudo, esse processo de se deu de maneira distinta em cada país. Enquanto as demais nações europeias centralizavam o poder, a Alemanha e a Itália permaneceram fragmentadas em inúmeros territórios sujeitos a disputas internas e a hostilidades entre cidades vizinhas.

A Itália, especialmente, sofreu com a ganância de outros países, como Espanha e França, que reivindicavam alguns de seus territórios e assolavam a península com ocupações intermináveis. Nesse contexto social e político, encontramos a gênese do Estado Moderno e o esforço de inúmeros pensadores que o teorizaram, entre eles Nicolau Maquiavel (1469-1527), em sua memorável obra *O príncipe* (Aranha; Martins, 2003).

1.5.1 O príncipe

Foi em uma Itália marcada por inúmeros conflitos que surgiu a figura de Maquiavel, importante pensador político de seu tempo. Vivendo na república de Florença, manteve-se atento à situação política do país, dividida em principados e repúblicas, cada um com sua própria organização política e de defesa. Não sendo somente um pensador que refletiu sobre a política, Maquiavel se dedicou à prática em cargos e funções para unificar a Itália em uma nova forma de governo, como outros países europeus (Aranha; Martins, 2003).

Figura 1.7 – Nicolau Maquiavel

Como fruto de seu ardoroso trabalho, em 1513 deu de presente a Lorenzo, filho do governante de Florença, Piero de Médicis, aquela que seria considerada sua obra prima: *O príncipe*, síntese de suas intuições e reflexões políticas sobre a arte de governar. No início da obra, destaca Maquiavel (1973, p. 10): "Tome, pois, Vossa Magnificência este pequeno presente com a intenção com que eu mando. Se esta obra for diligentemente considerada e lida, Vossa Magnificência conhecerá o meu extremo desejo que alcance aquela grandeza que a Fortuna e outras qualidades lhe prometem". Entre os principais temas abordados na obra estão a relação entre povo e governante, o significado do poder de um príncipe e a ideia de consenso, que adquiriu importância fundamental nos séculos seguintes. Mesmo sofrendo inúmeras interpretações e contradições, *O príncipe* se tornou uma célebre obra para se compreender parte da formação do Estado Moderno (Aranha; Martins, 2003).

Com suas reflexões e inquietações, Maquiavel lançou o alicerce para a construção do pensamento político moderno. Atento às profundas transformações de seu tempo, teve por objetivo oferecer respostas às novas perguntas que emergiam em seu contexto*. Em *O príncipe*, não admite um fundamento anterior e exterior à política, como a ideia de Deus. Em sua maneira de pensar, a política é resultado de lutas e de ações sociais. Nesse sentido, não aceita a compreensão da boa comunidade política constituída para o bem comum e a justiça, uma vez que é originariamente dividida. Sobre a figura do governante, recusa a figura de um príncipe virtuoso, portador de virtudes cristãs, e exalta as qualidades do dirigente que precisa tomar e manter o poder, mesmo que para isso precise usar violência, mentira, astúcia e força.

O pensamento político tradicional da época defendia que o governante deveria ser amado e respeitado pelos súditos. Maquiavel (1973, p. 77), dando um passo adiante, passou a afirmar que o príncipe não poderia apenas ser odiado: "que um príncipe sábio, amando os homens

---

* Diferentemente dos teólogos, que partiram de concepções bíblicas e canônicas para formular teocracias, e de contemporâneos renascentistas, que tomavam como referência as obras de filósofos clássicos para construir suas teorias políticas, Maquiavel partiu da experiência real de seu tempo, uma vez que, além de teórico, era político e compreendia muito bem seus mecanismos e seu funcionamento (Chaui, 1997).

como eles querem e sendo por eles temido como ele quer, deve basear-se sobre o que é seu e não sobre o que é dos outros. Enfim, deve somente procurar evitar ser odiado, como foi dito". Sobre a conduta e as qualidades necessárias do príncipe, enfatiza Chaui (1997, p. 396, grifo do original):

> A finalidade da política não é, como diziam os pensadores gregos, romanos e cristãos, a justiça e o bem comum, mas, como sempre souberam os políticos, a **tomada e manutenção do poder**. O verdadeiro príncipe é aquele que sabe tomar e conservar o poder e que, para isso, jamais deve aliar-se aos grandes, pois estes são seus rivais e querem o poder para si, mas deve aliar-se ao povo, que espera do governante a imposição de limites ao desejo de opressão e mando dos grandes. A política não é a lógica racional da justiça e da ética, mas a lógica da força transformada em lógica do poder e da lei. [...] A virtude política do príncipe aparecerá na qualidade das instituições que souber criar e manter e na capacidade que tiver para enfrentar as ocasiões adversas.

Em Maquiavel, as reflexões políticas ganharam um novo contorno. Movidas pelas novas proposições da modernidade, o tema se desvencilhou de argumentos puramente especulativos, éticos e religiosos e passou a ser pensado de modo mais objetivo, sistemático e científico. Ao escrever sua obra-prima, mais do que ter o objetivo de ressaltar o seu personagem principal, Maquiavel desejava, no fundo, resgatar os valores e princípios da república romana. Liberdade e bons costumes são para ele fundamentais na construção de uma nova sociedade, uma nova nação (Reale; Antiseri, 2009b). Sobre seu desejo de ver o país bem governado pelo príncipe, Maquiavel (1973, p. 116) enfatizou:

> Tome, pois, a vossa ilustre casa esta tarefa com aquele ânimo e com aquela fé com que se esposam as boas causas, a fim de que, sob o seu brasão, esta pátria seja enobrecida, e sob os seus auspícios se verifique aquele dito de Petrarca: "A virtude tomará armas contra o furor e será breve o combate, pois o antigo valor ainda não está morto nos corações italianos".

Ao descrever o significado e a amplitude da república construída sobre os valores da Antiguidade clássica, Maquiavel retomou e ressignificou o conceito de "virtude". Para o filósofo e político italiano, a virtude está vinculada à habilidade de um governante administrar com força, poder e astúcia sua nação. Então, responde, sem sombra de dúvida, com a demonstração de que "mais pôde a virtude do que a sorte para que eles conquistassem aquele império" (Reale; Antiseri, 1990, p. 131). Para Maquiavel, a verdadeira política supera as questões religiosas e está muito mais vinculada às capacidades e às habilidades do príncipe na arte de governar do que a um direito, um dom ou um querer divino.

1.5.2 Direito divino de reis

O direito divino dos reis foi uma compreensão política comum durante a modernidade. A vinculação entre religião e política teve origem justamente com as primeiras formas de organização social. Desde as primeiras formas de convivência social, o dado religioso esteve presente para chancelar determinados aspectos políticos e econômicos, culturais e sociais. Com a transição do feudalismo para os Estados Nacionais absolutistas, despontaram a figura do rei e sua soberania. Nessa nova organização política, o rei era o soberano, dotado de poderes absolutos, os quais, para muito teóricos, foram concedidos por Deus; pensava-se que aquele que reinava tinha o merecimento divino por ter sido coroado por Deus. De acordo com essa concepção, o direito divino dos reis garantia sua legitimidade e sua soberania. A crença era de que a vontade do próprio Deus concederia ao rei o direito de governar, não os súditos ou qualquer outra autoridade.

Para os pensadores políticos que defendiam essa teoria, a legitimação jurídica da monarquia perpassava as questões religiosas. Eles viam nos reis a expressão mais perfeita da autoridade delegada por Deus, e por isso falavam em *monarquia por direito divino*. O trecho a seguir é de autoria do renomado teórico absolutista francês Jacques Bossuet (citado por Freitas, 1976, p. 201):

> *O trono real não é trono de um homem, mas o trono do próprio Deus. Os reis são deuses e participam de alguma maneira da independência divina. O rei vê de mais longe e de mais alto; deve acreditar-se que ele vê melhor; e deve obedecer-lhe sem murmurar; pois o murmúrio é uma disposição para a sedição.*

Advogando em favor da teoria do direito divino dos reis, o pensador Jean Bodin (1530-1596) passou a ser reconhecido como uma espécie de inquisidor por conta de sua interminável perseguição a pessoas que apresentavam outro olhar sobre a fé, chamados de *hereges*. Conforme Mota e Braick (1997, p. 102), "Bodin negava veementemente o direito à existência do Parlamento, sustentando que o órgão legislativo, diante de Deus, não possuía soberania para resolver qualquer questão, principalmente em desacordo com o rei". Eis algumas de suas concepções:

> *O rei sábio deve governar harmonicamente o seu reino, entremeando suavemente os nobres e os plebeus, os ricos e os pobres, com tal discrição, no entanto, que os nobres tenham alguma vantagem sobre os plebeus, pois é bem razoável que o gentil-homem, tão excelente nas armas e nas leis quanto o plebeu, seja preferido nos estados (empregos) da judicatura ou da guerra; e que o rico, em igualdade das demais condições, seja preferido ao pobre nos estados que têm mais honra que lucro; e que ao pobre caibam os ofícios que dão mais lucro que honra; assim, todos ficarão contentes [...].*
> (Bodin, 1976, p. 60)

No período de transição entre o feudalismo e a consolidação da burguesia, para muitos pensadores a imagem do rei estava vinculada à justiça, à prosperidade e à identidade da nação, ao ideal de virtude e à vontade de Deus. Ao rei se creditava a responsabilidade total sobre o bem-estar da sociedade, a ordem das relações, o triunfo em meio a guerras e disputas por novas terras e a manutenção da paz e da prosperidade. Conforme Mota e Braick (1997, p. 102), tamanha era a relação entre o poder divino e o temporal que

> *A realeza passa a ser um conceito místico. Concepções medievalistas que se utilizavam da metáfora do esposo e da esposa – o amor de Cristo pela Igreja – são transferidas do espiritual ao secular, para definir a ligação entre Príncipe e Estado. O rei é o "esposo mítico" da República, aqui entendida como Estado. Durante a modernidade, o corpo do rei foi visto simbolicamente como se na verdade fossem dois corpos distintos. O primeiro representando o corpo físico, sujeito a sentimentos, paixões e morte. O segundo, o corpo político, cujos membros representariam os súditos, e a cabeça, o rei. Nesse corpo o rei estaria imune às manifestações humanas, inclusive à morte.*

O ideal de que o objetivo da política são a tomada e a conservação do poder e de que este não provém de Deus, da razão nem de uma ordem natural feita de hierarquias fixas exigiu que os governantes justificassem a ocupação do poder. Muitos pensadores foram envolvidos nessa discussão. John Locke (1632-1704), Thomas Hobbes (1588-1679), Jean-Jacques Rousseau (1712-1778), Descartes, entre outros, advogaram em favor da reformulação jurídica e de uma nova concepção de natureza, de função e de escolha de governantes, propondo uma separação entre o que era próprio das relações humanas e o que era apenas tradição religiosa. Essa nova concepção passou a levar em consideração os interesses individuais, não apenas os coletivos; a política passou a ser vista como obra de mãos humanas e a liberdade na escolha dos governantes, na criação e na promulgação de leis foi considerada, atentando apenas para os aspectos temporal e histórico.

1.5.3 Estado Natural

Em meio às discussões sobre a formação do Estado Moderno e as teorias a respeito das formas de governo, um dos temas de significativa importância é a concepção de Estado Natural ou *Estado de Natureza*, por meio da qual quase todos os pensadores contratualistas refletiram acerca das implicações e do significado. Normalmente, o Estado de Natureza é entendido como um argumento, um experimento mental, não propriamente um fenômeno real, algo que tenha efetivamente ocorrido. Sua reflexão se torna importante porque seus argumentos e seus princípios são fundamentais para compreendermos a formação da sociedade civil.

Um dos pontos centrais na reflexão sobre o Estado Natural é a compreensão sobre a natureza humana. Para os pensadores que partem de uma visão positiva e bondosa do ser humano, como Rousseau, a organização das pessoas na sociedade civil corrompe o indivíduo, tirando-o de seu espaço de felicidade e de realização. Já para pensadores com visão negativa do ser humano, como Hobbes, o indivíduo é visto como alguém que é mau por natureza; assim, somente a sociedade civil, o Estado, seria capaz de evitar a luta de todos contra todos, garantindo direitos como a propriedade (Locke).

Os principais teóricos do Estado Natural foram Hobbes e Rousseau. Para Hobbes, em sua compreensão sobre o Estado Natural,

> *os indivíduos vivem isolados e em luta permanente, vigorando a guerra de todos contra todos ou "o homem é o lobo do homem". Nesse estado, reina o medo e, principalmente, o grande medo: o da morte violenta. Para se protegerem uns dos outros, os humanos inventaram as armas e cercaram as terras que ocupavam. Essas duas atitudes são inúteis, pois sempre haverá alguém mais forte que vencerá o mais fraco e ocupará as terras cercadas. A vida não tem garantias; a posse não tem reconhecimento e, portanto, não existe; a única lei é à força do mais forte, que pode tudo quanto tenha força para conquistar e conservar.* (Chauí, 1997, p. 399)

Em contraposição, para Rousseau, vivendo em Estado Natural,

os indivíduos vivem isolados pelas florestas sobrevivendo com o que a Natureza lhes dá, desconhecendo lutas e comunicando-se pelos gestos, o grito e o canto, numa língua generosa e benevolente. Esse Estado de felicidade original, no qual os humanos existem sob a forma do **bom selvagem inocente***, termina quando alguém cerca um terreno e diz: "É meu". A divisão entre o meu e o teu, isto é, a propriedade privada, dá origem ao Estado de Sociedade, que corresponde, agora, ao Estado de Natureza hobbesiano da guerra de todos contra todos. O Estado de Natureza de Hobbes e o Estado de Sociedade de Rousseau evidenciam uma percepção social como luta entre fracos e fortes, vigorando a lei da selva ou o poder da força. Para fazer cessar esse estado de vida ameaçador e ameaçado, os humanos decidiram passar à sociedade civil, ao Estado Civil, criando o poder político e as leis.* (Chaui, 1997, p. 399, grifo do original)

Segundo Chaui (1997), a migração do Estado Natural para a condição de sociedade civil aconteceu por meio da elaboração de um contrato social. Ao confiar a um soberano ou a uma assembleia (autoridade política) o poder de garantir a segurança, a propriedade e a boa convivência entre todos, criou-se a ideia de direitos e de deveres, de possibilidades e de responsabilidades.

Para que o contrato social fosse reconhecido como válido, deveria levar em consideração que as partes contratantes fossem livres e iguais e de maneira voluntária dessem seu consentimento para a realização do pacto. Sobre as condições do contrato, destaca Chaui (1997, p. 400):

A teoria do direito natural garante essas duas condições para validar o contrato social ou o pacto político. Se as partes contratantes possuem os mesmos direitos naturais e são livres, possuem o direito e o poder para transferir a liberdade a um terceiro; e se consentem voluntária e livremente nisso, então dão ao soberano algo que possuem, legitimando o poder da soberania. Assim, por direito natural, os indivíduos formam a vontade livre da sociedade, voluntariamente fazem um pacto ou contrato e transferem ao soberano o poder para dirigi-los.

A formulação da teoria do direito natural e a consolidação do contrato social apontam para um dado significativo. Com o desenvolvimento do pensamento político ao longo da modernidade, o conceito de **sociedade** aos poucos foi lançando raízes profundas, enquanto a ideia de **comunidade** foi encontrando seu ocaso. Enquanto a comunidade tinha como princípio basilar a homogeneidade, a partilha de bens e de ideais, a sociedade civil nascente reivindicava a existência de pessoas autônomas que pudessem viver de modo isolado; enquanto a comunidade preservava os direitos da coletividade, a sociedade defendia os direitos individuais. Ao passo que a comunidade era a expressão da coletividade natural ou divina, a sociedade era a expressão do pacto artificial e voluntário entre pessoas – e em ambas era possível verificar perdas e ganhos (Chaui, 1997).

Para conversar

Em termos de convivência, qual é a diferença entre pensar que o ser humano é bom ou mau por natureza? Como os meios de comunicação normalmente apresentam o ser humano? Quais são os pontos negativos e positivos da vida em sociedade e em comunidade?

Síntese

A *gênese do pensamento* filosófico moderno está ligada a uma série de fatos históricos que a tornaram possível. A modernidade não é fruto do acaso ou resultado de um único acontecimento, pensamento ou palavra; tornou-se uma realidade por meio de um longo processo histórico que ofereceu condições para seu nascimento, contribuições e transformações no pensamento filosófico que chegaram até a atualidade. Neste capítulo, tivemos a oportunidade de refletir sobre temas que formaram a base do pensamento moderno e nos ajudam a compreendê-lo em sua grandeza, como a influência do humanismo renascentista, as transformações provocadas pela revolução científica, o impacto de uma concepção filosófica centrada no homem e em seu contexto, as novas formas de comércio e de acumulação de riqueza em uma nação, a formação do Estado moderno em detrimento da crise do feudalismo e a necessidade de se criar novas formas de governo e de organização social.

Somente após o humanismo renascentista é que foi possível o nascimento de uma nova mentalidade, uma nova cultura, uma nova sociedade inspirada nos valores artísticos, literários e filosóficos da Antiguidade clássica, lidos a começar do ser humano, de suas potencialidades, de sua capacidade de transformar o mundo e de governar a natureza. Retomando sua estima e autonomia, a ciência revolucionou a humanidade ao estabelecer um novo estatuto científico, um novo método, pautado na experiência, e não apenas na especulação, preocupado mais com o funcionamento do Universo do que com a essência das coisas. Essa nova mentalidade permitiu ao homem se colocar no centro das discussões filosóficas, pensar o mundo a partir de si e romper com o imaginário religioso que até então dominava a pauta principal. Restou então pensar a expansão dos territórios e dos negócios por meio das Grandes Navegações e as maneiras como cada nação passou a organizar a economia em vista do lucro e da acumulação de riquezas advindas da venda de produtos manufaturados e de impostos.

Por fim, perpassamos a formação do Estado Moderno, vislumbrando suas principais características, como o nascimento das monarquias absolutistas nacionais, as implicações do direito natural dos reis, o conceito de sociedade civil e sua relação com as principais compreensões do Estado Natural. Tudo isso nos permitiu construir um panorama sobre os principais fatos históricos, os pensadores*, os temas e os acontecimentos que tornaram a modernidade possível.

Indicações culturais

Filmes

1492: A CONQUISTA do paraíso. Direção: Ridley Scott. EUA/França/Espanha, 1992. 140 min.

As Grandes Navegações historicamente representam, entre outros elementos, o advento da modernidade. Esse filme é uma aventura épica que narra o descobrimento do "novo mundo" e a possibilidade de os países europeus estenderem o projeto civilizacional ocidental e expandirem os negócios em busca de riquezas e de recursos naturais nas novas colônias.

AGONIA e êxtase. Direção: Carol Reed. EUA, 1965. 138 min.

Buscando novas inspirações, o Renascimento inaugurou novas expressões artísticas. O filme narra o processo de transição e de

---

* Entre os pensadores da época, destacam-se: Nicolau de Cusa (1401-1464), Pico della Mirandola (1463-1494), Erasmo de Rotterdam (1466-1536), Martinho Lutero (1483-1546), João Calvino (1509-1564), Tomás Morus (1478-1535), Jean Bodin (1529-1596), Leonardo da Vinci (1452-1519), Giordano Bruno (1548-1600), Nicolau Copérnico (1473-1543), Paracelso (1493-1541), Johannes Kepler (1571-1630), Galileu Galilei (1564-1642) e Isaac Newton (1642-1727).

choques entre a concepção de arte medieval e a arte renascentista. Quando o Papa Júlio II encomendou a Michelangelo a pintura do teto da Capela Sistina, o artista se recusou; pressionado pelo pontífice a fazer o trabalho, ele fugiu e, quando recomeçou a pintura, o projeto se tornou uma batalha de vontades alimentada pelas diferenças artísticas e de temperamento que são o ponto central do filme.

GIORDANO Bruno. Direção: Giuliano Montaldo. Itália, 1973. 116 min.

Giordano Bruno se destacou como um importante pensador do século XVI, dedicado ao estudo da Filosofia, da Astronomia e da Matemática e reconhecido como um dos precursores do estatuto científico moderno. O filme retrata o desenvolvimento de suas principais ideias sobre as ciências, a fé e a natureza, bem como o processo de inquisição romana que o perseguiu e o levou à morte, sendo queimado vivo, já que se recusava a abandonar suas convicções e qualquer tipo de retratação. Seu destino faz pensar sobre a importância da liberdade e a autonomia necessária para as ciências no trabalho investigativo e de pesquisa.

Livro

ALIGHIERI, D. **A divina comédia**. Tradução de Cristiano Martins. 8. ed. Belo Horizonte: Itatiaia, 2006.

A obra-prima de Dante Alighieri, o maior poeta italiano e um dos precursores do que foi o movimento renascentista, é tida como um poema dividido em três partes: Inferno, Purgatório e Paraíso. Narra a história de Dante, que em determinado momento de sua vida, desgostoso com o mundo e com a humanidade, tem a possibilidade de visitar o Inferno, o Purgatório e o Céu para refletir de maneira profunda sobre como realmente deveria levar a vida e, após a viagem, compartilhar suas conclusões. *A divina comédia*, de modo inaudito, abre espaço para um diálogo sobre a arte e a liberdade de escolha e de expressão, valores fundamentais para a modernidade.

Atividades de autoavaliação

1. O humanismo é reconhecido por sua forte valorização do ser humano, da história e da natureza. Assinale a alternativa que mais identifica os aspectos fundamentais dessa corrente filosófica:
   a) O humanismo reduz o ser humano à imagem e à semelhança de Deus.
   b) O humanismo resgata a ideia de Deus como centro da vida e da história.
   c) O humanismo parte do reconhecimento da totalidade do homem.
   d) O humanismo foi um movimento que teve sua inspiração nos pré-socráticos.

2. No Renascimento há uma profunda busca de novos padrões para as diferentes formas de expressão artística. Os padrões buscados foram:
   a) bizantinos.
   b) greco-hebraicos.
   c) franco-italianos.
   d) greco-romanos.

3. "A revolução científica quebra o modelo de inteligibilidade do aristotelismo, o que provoca, nos novos pensadores, o receio de se enganar novamente. A procura da maneira de evitar o erro faz surgir a principal indagação do pensamento moderno: a questão do método" (Aranha; Martins, 2003, p. 130). Com base nessa reflexão, considere as seguintes premissas:

I) Na modernidade, o sujeito passou a ser fundamental para o problema e para as novas teorias do conhecimento.
II) O princípio da dúvida é fundamental para a ciência moderna.
III) A busca pelo conhecimento do ser marca profundamente a revolução científica.

Analise a alternativa que apresenta a resposta correta:

a) Somente a III é verdadeira.
b) I e III são falsas.
c) I e II são verdadeiras.
d) Todas são verdadeiras.

4. O humanismo renascentista tece uma profunda crítica às religiões, acusando-as de frear o desenvolvimento humano e de não levar em consideração a realidade, a história e as ciências experimentais na busca de respostas sobre a origem das coisas e do mundo. Sobre a nova compreensão acerca das religiões da modernidade, considere as seguintes assertivas:

I) As religiões partem do uso da razão para explicar fenômenos naturais e relações sociais.
II) A Igreja, mesmo não concordando, sempre apoiou o desenvolvimento científico.
III) Pela revelação divina, filósofos e cientistas modernos foram capazes de desenvolver um novo método experimental com base na dúvida e na indução.

Analise a alternativa que apresenta a resposta correta:

a) Somente a III é verdadeira.
b) II e III são falsas.
c) Todas são falsas.
d) O humanismo não abordou temas sobre crenças e religiões.

5. Entre as alternativas, assinale a que caracteriza o início da modernidade:

a) O florescimento do pensamento burguês apoiado pelo clero.
b) A manutenção do feudalismo como forma democrática de governo.
c) O fortalecimento dos regimes absolutistas em comunhão com a burguesia em ascensão.
d) A valorização da cultura judaico-cristã e sua relação com as obras de Platão.

Atividades de aprendizagem

Questões para reflexão

1. A palavra *método* vem do termo grego *methodos*, composto por *meta* ("por meio de") e *hodos* ("via", "caminho"). A modernidade inaugurou o método científico como uma nova proposta na busca do conhecimento e em sua demonstração. Usar um método é seguir de modo regular e ordenado um caminho por meio do qual certo objetivo pode ser alcançado. Destaque ao menos três finalidades para o uso do método com base na modernidade.

2. Uma das características do início da modernidade é a descoberta e a conquista de novas terras. Apresente ao menos três fatores a serem considerados para o período das chamadas *Grandes Navegações*.

3. Até o início da modernidade, O mar era visto como um lugar perigoso. Dizia um ditado holandês do período que "mais valia estar em um pântano com uma velha carroça do que no mar em um navio novo". Aponte alguns elementos que possam justiçar o medo que se tinha do mar naquela época.

4. O teocentrismo se caracteriza como uma corrente de pensamento na qual Deus é o centro de todas as coisas e do mundo, relegando ao homem um papel coadjuvante. Com o advento do antropocentrismo filosófico durante a modernidade, como o ser humano passou a ser visto? Ganhou mais liberdade e autonomia?

5. O mercantilismo foi umas das principais formas de política econômica da modernidade. Destaque ao menos três características que foram fundamentais para sua vitalidade.

6. Durante o feudalismo, a figura do rei já existia. Com a criação do Estado Moderno, surgiram as monarquias absolutistas. Qual é a diferença básica entre o rei do sistema feudal e o soberano da monarquia absolutista?

7. O Estado Natural é um dos temas fundamentais para compreendermos a organização e a necessidade da sociedade civil. Como o indivíduo é visto na perspectiva de Hobbes e de Rousseau na formulação de suas teorias?

Atividade aplicada: prática

1. O humanismo renascentista se caracteriza como a passagem do mundo medieval para a Idade Moderna. Muitas mudanças foram verificadas em quase todas as áreas do conhecimento, na concepção de sociedade, nas relações políticas, no estatuto científico, nas artes e na literatura. Elabore uma lista com dez elementos fundamentais para o início da filosofia e do pensamento moderno, destacando suas características e suas contribuições.

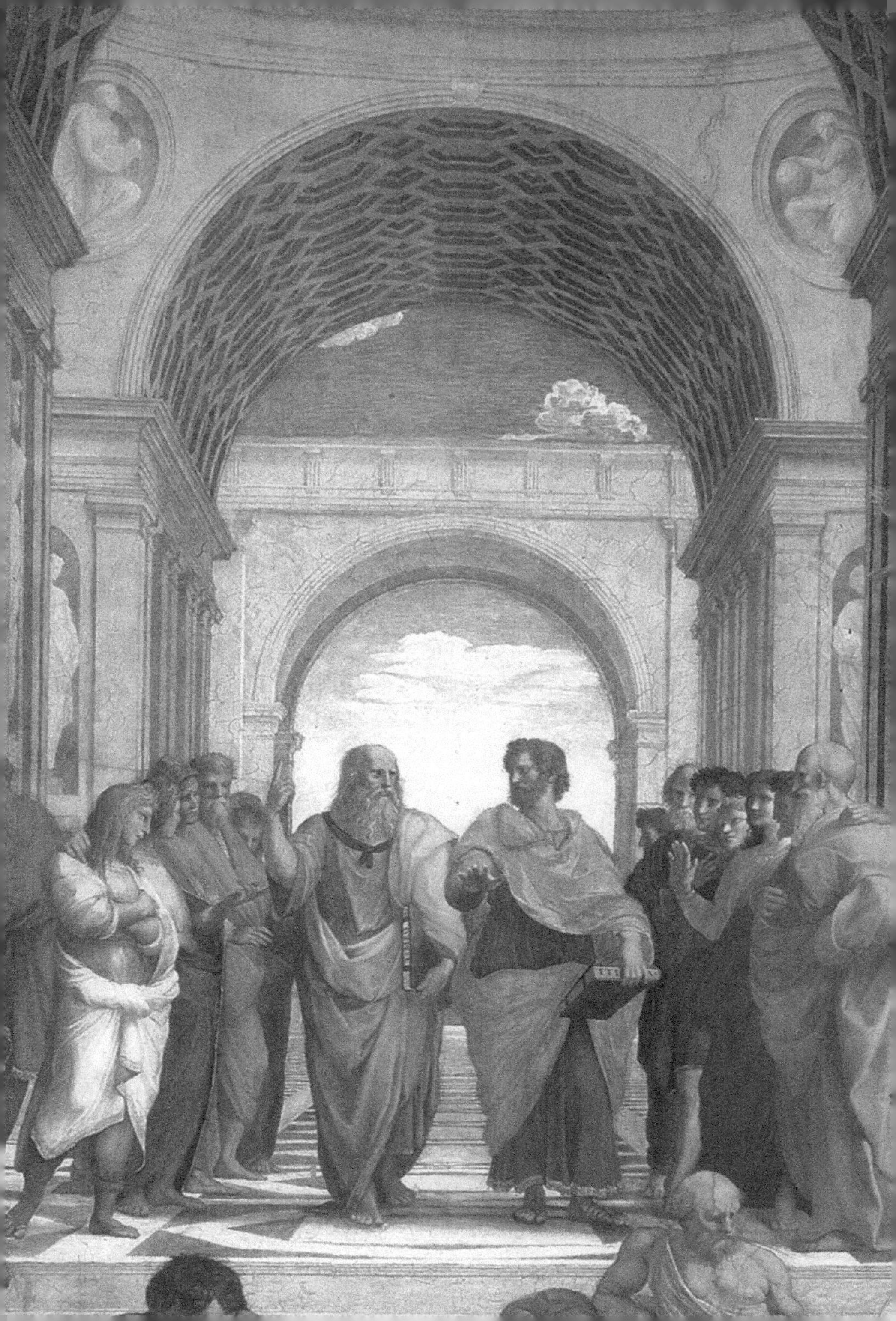

2

Filosofia política

"É justo que o que é justo seja seguido. É necessário que o que é mais forte seja seguido. A justiça sem a força é impotente; a força sem a justiça é tirânica. A justiça sem a força será contestada, porque há sempre maus; a força sem a justiça será acusada. É preciso, pois, reunir a justiça e a força; e, dessa forma, fazer com que o que é justo seja forte, e o que é forte seja justo". (Pascal)

A política sempre foi um dos temas mais instigantes da filosofia. Desde a Antiguidade, o homem foi reconhecido como um "animal político" (Aristóteles), capaz de se organizar socialmente e de tomar decisões em prol da cidade e de seus cidadãos*. *Com a modernidade, a política ganhou um contorno especial; assim como em outros aspectos da vida humana, passou por profundas mudanças que são sentidas até a atualidade, como novas formas de governo (parlamentarismo, democracia), exercício de poder (divisão dos Três Poderes), nova organização do Estado e de seus papéis (Estado Democrático de Direito), bem como direitos e deveres da população em geral (cidadania).*

---

* *Política* é a arte de governar; vem do grego *pólis* ("cidade"), entendida como a comunidade organizada, formada por cidadãos (*politikos*) homens nascidos na cidade, livres e iguais, com dois direitos inquestionáveis: a isonomia (igualdade perante a lei) e a isegoria (direito de expor e de discutir em público sobre ações que a cidade deve ou não realizar).

Durante a Idade Média, o exercício de poder estava atrelado à nobreza, que, em boa parte dos territórios, se tornou mais poderosa e influente do que o próprio rei. Nesse sentido, era difícil até determinar qual era a última instância de uma decisão, por exemplo, pois ora se recorria a reis e a imperadores, ora a papas e à Igreja, ora a concílios (assembleias deliberativas da Igreja) e a parlamentos. Essa realidade começou a mudar com a formação das monarquias nacionais absolutistas, com as quais o Estado se fortaleceu e passou a controlar toda uma nação e a governar seus habitantes, em um processo cada vez maior de centralização de serviços, de forças e especialmente de poder (Aranha; Martins, 2003).

Nessa nova conjuntura política e social, somente o Estado passou a ter as prerrogativas de arrecadar impostos e tributos, de produzir e aplicar leis, de ter e de organizar um único exército para toda a nação. Destaca-se ainda como prerrogativa do Estado Moderno a monopolização dos serviços essenciais para a garantia de ordem interna e externa, o que proporcionou o desenvolvimento do aparato administrativo fundado em uma burocracia coercitiva*. Muitos foram os pensadores políticos que idealizaram, a seu modo e com suas influências, as formas de governo durante a modernidade. Veremos a seguir as contribuições de Hobbes, Locke, Montesquieu, Rousseau e Smith, bem como as aproximações e as discrepâncias entre suas teorias.

---

* Para o filósofo e sociólogo Max Weber (1864-1920), o Estado moderno pode ser reconhecido por dois elementos constitutivos: presença de aparato administrativo para prestação de serviços públicos e monopólio legítimo de força e poder.

2.1
Thomas Hobbes e o papel de Leviatã

Thomas Hobbes (1588-1679) nasceu em Malmesbury, na Inglaterra, filho de uma família simples. Durante a juventude, teve um profundo vínculo com a nobreza, em quem encontrou apoio e incentivo financeiro para os estudos. Com base em sua experiência de vida, tornou-se um grande defensor do poder absolutista, questionado pelas tendências liberais. Durante a consolidação de suas ideias, aproximou-se de René Descartes (1596-1650), de Francis Bacon (1561-1626) e de Galileu Galilei (1564-1642). Entre os temas que se dedicou a pesquisar, destacam-se as formas de governo, tema que o fez mais conhecido, e a teoria do conhecimento, tema basilar da filosofia moderna, um dos expoentes da corrente empirista. Suas principais ideias políticas foram transcritas em obras como *De cive* (1642), *De corpore* (1655), *De homine* (1658) e *Leviatã* (1651) (Reale; Antiseri, 2009a).

Figura 2.1 – Thomas Hobbes

Por conta da instabilidade política e social de sua época, acabou nascendo antes do tempo devido ao terror que sua mãe viveu com a notícia da iminente chegada da Armada Invencível, o exército formado por Filipe II com o objetivo de invadir a Inglaterra. Esse fato marcou tão profundamente sua vida que, em sua autobiografia, afirmou que a mãe havia dado à luz ele e seu irmão gêmeo, o medo. Trata-se, porém, de uma observação que, além da brincadeira, constitui-se uma marca de sua personalidade: a teorização do absolutismo tem raízes, sobretudo, no terror pelas guerras que derramaram uma imensa quantidade de sangue enquanto Hobbes crescia e dava os primeiros passos como pensador político (Reale; Antiseri, 2009a).

Em um contexto em que se acirrava cada vez mais a crítica ao absolutismo monárquico, aos sistemas de produção e ao florescimento da burguesia que defendia uma economia mais livre, Hobbes, vendo os novos rumos da sociedade e as constantes lutas por poder e riquezas, acreditava que os seres humanos precisavam de algo que pudesse garantir a paz, a convivência e a prosperidade da nação. Acreditando que "o homem é o lobo do homem", defendia que os indivíduos deveriam renunciar a seus direitos e interesses egoístas em troca de uma vivência harmônica entre todos, superando qualquer conflito e divisão.

O gesto de renunciar às paixões desordenadas, aos interesses e às vontades particulares com o objetivo de garantir a paz e a igualdade passou a ser entendido como uma espécie de contrato, por meio do qual todos abdicam de sua vontade em favor de um homem ou de uma assembleia de homens como representantes da população (Aranha; Martins, 2003). Paea Hobbes, conforme Aranha e Martins (2003, p. 238): "O homem, não sendo sociável por natureza, o será por artifício. É o medo e o desejo de paz que o levam a fundar um estado social e a autoridade política, abdicando dos seus direitos em favor do soberano".

Assim, "a concepção política da Hobbes constitui a inversão radical da clássica posição aristotélica, segundo a qual o homem é um 'animal político'" (Reale; Antiseri, 2009a, p. 81), capaz de conviver naturalmente em paz e harmonia. Para Hobbes, o homem é "um átomo de egoísmo, razão pela qual nenhum homem está ligado a outros por consenso espontâneo" (Reale; Antiseri, 2009a, p. 81). A *priori*, para ele, a convivência humana só é possível à medida em que, abdicando de interesses pessoais, os indivíduos transmitissem poder a um soberano que, entre outros aspectos, faria a mediação evitando conflitos, corrigindo erros e promovendo a paz entre todos.

Refletindo sobre a natureza do poder legítimo, resultado do consenso e do tipo de soberania garantido pelo pacto, Hobbes acreditava o poder do soberano deve ser absoluto, sem limites. A transmissão do poder dos indivíduos ao soberano deve acontecer de modo total, caso contrário, por pouco que seja conservada a liberdade natural, instauram-se a guerra e a violência (Aranha; Martins, 2003). Partindo dessa compreensão, "se não há limites para a ação do governante, não é sequer possível ao súdito julgar se o soberano é justo ou injusto, tirano ou não, pois é contraditório dizer que o governante abusa do poder: não há abuso quando o poder é ilimitado" (Aranha; Martins, 2003, p. 239).

Trata-se de um equívoco identificar Hobbes como um defensor do absolutismo real. Na verdade, para ele, conforme Aranha e Martins (2003, p. 239), o "Estado pode ser monárquico, quando constituído por apenas um governante, como pode ser formado por alguns ou muitos, por exemplo, por uma assembleia. O importante é que, uma vez instituído, o Estado não pode ser contestado: é absoluto".

Em Hobbes, o Estado é pensado como o único instrumento capaz de garantir, por seu poder e sua força, a paz e a convivência fraterna entre os indivíduos. Ao enfatizar que o ser humano por si só não consegue respeitar os direitos e as propriedades do outro, o Estado deveria ser implacável contra todo tipo de violência e de desobediência.

2.1.1 Leviatã

Com objetivo de tornar mais clara e compreensível sua teoria política, Hobbes fez uso da imagem bíblica de um monstro marinho chamado *Leviatã*. Para o filósofo político, esse monstro traz consigo duas características muito pertinentes também ao Estado: sendo uma criatura cruel, ele provoca certo medo, mas, ao mesmo tempo, protege os peixes menores do ataque dos maiores. O Estado pode, simbolicamente, ser comparado ao Leviatã porque, uma vez que formado por todos, deve também proteger a todos que lhe outorgaram o poder. Como, na visão de Hobbes, o ser humano era mau por natureza, o Estado deveria utilizar todas as suas forças, inclusive a violência, para garantir a paz entre os indivíduos e o direito à propriedade individual (Aranha; Martins, 2003).

Figura 2.2 – *Frontispício da edição original de* Leviatã *(1651)*

Sobre a propriedade, Hobbes salienta que esta não existe no Estado Natural, em que todos tinham direito a tudo e na realidade acabavam não tendo direito a nada, uma vez que não eram delimitados os direitos e os deveres de cada indivíduo (Aranha; Martins, 2003).

No estatuto antropológico hobbesiano, a condição em que todos os homens se encontram é a guerra de todos contra todos, de profunda hostilidade, em que se faz necessária uma força exterior e um contrato para o estabelecimento da paz. O homem se arrisca, desse modo, a perder seu bem primário, a vida, e pode sair da situação fazendo apelo a dois elementos fundamentais:

- *o **instinto** de evitar a guerra contínua e de providenciar aquilo que é necessário para a subsistência;*
- *a **razão**, no sentido do **instrumento** apto a satisfazer os instintos de fundo.*

*Nascem assim, as leis da natureza, que constituem na realidade a **racionalização do egoísmo**, as normas que permitem realizar de moro racional o instinto da autoconservação.* (Reale; Antiseri, 2009a, p. 81)

Em *Leviatã*, nos capítulos XIV e XV, Hobbes elenca 19 leis naturais, das quais as mais importantes são as 3 primeiras:

1) A regra primeira e fundamental ordena que o homem se esforce por buscar a paz.

2) A segunda regra impõe que se renuncie ao direito sobre tudo, ou seja, àquele direito que se tem no estado natural, que é precisamente o direito que desencadeia todas as contendas. [...]

3) A terceira lei impõe, uma vez que se tenha renunciado ao direito a tudo, "que se cumpram os acordos feitos". (Reale; Antiseri, 2009a, p. 83)

Para Hobbes, é necessário que todos os homens invistam um único homem (ou uma assembleia) para representá-los (Reale; Antiseri, 2009a). Nessa perspectiva de um poder que se transmite em vista do bem comum e da boa convivência, o poder do Estado é exercido pela força, pois só a iminência do castigo pode atemorizar os indivíduos. Hobbes (1974, p. 107) frisa que "Os pactos sem a espada não passam de palavras, sem força para dar qualquer segurança". Para ele, a paz entre as pessoas estará sempre ameaçada se não for instituído um poder suficientemente grande. Com o poder de produzir leis, de julgar e de punir, o soberano exerce o poder sobre todos de maneira irrestrita e inquestionável. Segundo suas convicções, ainda que a vida de súdito possa apresentar uma condição miserável, é melhor do que o medo e as misérias de um guerra civil ou de uma invasão. Ainda sobre as características e atribuições na pessoa do soberano, o filósofo enfatiza:

> *É nele que consiste a essência do Estado, a qual pode ser assim definida: uma pessoa de cujos atos uma grande multidão, mediante pactos recíprocos uns com os outros, foi instituída por cada um como autora, de modo a ela poder usar a força e os recursos de todos, da maneira que considerar conveniente, para assegurar a paz e a defesa comum. Àquele que é portador dessa pessoa se chama soberano, e dele se diz que possui poder soberano. Todos os restantes são súditos.* (Hobbes, 1974, p. 100)

Para Reale e Antiseri (2009a, p. 81, grifo do original), "o poder do soberano (ou da assembleia) é indiviso e absoluto: ele está acima da justiça, pode intervir em matéria de opinião e de religião, concentra em si **todos os poderes**".

Trata-se da mais radical teorização do Estado absolutista e, para designá-lo, Hobbes retoma a imagem de Leviatã, mas emprega também a expressão "deus mortal", ao qual devemos a paz e a defesa de nossa vida: o Estado absolutista é, portanto, metade monstro (forte e imparcial) e metade deus (protetor e pacificador).

Os pressupostos e as posições sobre a política e a forma de governo de Hobbes não foram unânimes entre seus contemporâneos, especialmente aos que tinham algum tipo de experiência religiosa. Não lhes parecia correta a descrição hobbesiana do ser humano egoísta, belicoso, nem suportavam a defesa de um "Estado Leviatã", que se distanciava da ideia do "bom governante", temente a Deus e cheio de virtudes. Não lhes agradavam também os pressupostos materialistas e naturalistas, que, segundo eles, conduziriam a uma espécie de ateísmo e determinismo (Aranha; Martins, 2003).

Em meio a uma grande discussão, o Estado absoluto seria um mal necessário, porém capacitado a assegurar um comportamento social mais pacífico dos membros da sociedade. Partindo da compreensão hobbesiana, o Estado foi pensado como um monstruoso aparato administrativo que, por meio de um Contrato Social com a população, poderia absorver o direito de resolver por ela as questões do bem comum. Portanto, para escapar do caos e ter assegurada a sobrevivência, o homem perderia a liberdade política e abdicaria seus interesses pessoais (egoístas) em prol de uma melhor convivência social (sociedade civil organizada) (Mota; Braick, 1997).

Para discutir

Ao defender o absolutismo monárquico e o poder ilimitado do soberano, Hobbes, de alguma maneira, vincula a paz social ao cerceamento da liberdade e dos direitos individuais. Quais são as bases de sua argumentação? Será a paz social incompatível com a liberdade? A liberdade individual precisa mesmo ser controlada pelo Estado? Que outras questões poderiam ser levantadas?

2.2
John Locke e a crítica ao absolutismo monárquico

Figura 2.3 – John Locke

O *pensamento monárquico* absolutista encontrou inúmeras resistências ao longo da modernidade. Entre os partidários de um Estado constitucional de poderes limitados está o inglês John Locke (1632-1704), considerado pai da teoria política liberal ou do liberalismo político. Estudou na Universidade de Oxford, na qual alcançou o título de *Master of Arts* em 1658 e da qual se tornou professor tutor nas disciplinas de Grego e Retórica, tornando-se um profundo crítico da filosofia moral. No desejo de aprofundar seus conhecimentos e romper com o universo escolástico, estudou também Medicina, Anatomia, Fisiologia, Física e Teologia, tendo como principais influências o pensamento de Bacon (dimensão do experimento científico), de Hobbes (teoria materialista-corporeísta) e de Boyle (conceitos físicos). Não chegou a conquistar título acadêmico em Medicina, mas, por sua competência e dedicação, passou a ser chamado de "doutor Locke" por seus inúmeros admiradores (Reale; Antiseri, 2009a).

A obra que lhe deu maior projeção foi o *Ensaio acerca do entendimento humano* (1689), na qual trabalhou durante muitos anos. Um ano antes, publicou *Carta acerca da tolerância*, na qual problematizou a relação entre fé e sociedade em uma perspectiva de diálogo e de respeito. Constam também como obras importantes de seu pensamento *Segundo tratado sobre o governo* (1690), *Pensamentos sobre a educação* (1693) e *A racionalidade do cristianismo* (1695). No bojo de suas reflexões e de sua produção filosófica, de acordo com Reale e Antiseri (1990, p. 507), Locke se dedicou especialmente a três campos de pesquisa:

a) o gnosiológico, do qual brotou o Ensaio;

b) o ético-político, que encontrou expressão (além de sua própria militância política prática) nos escritos dedicados a esse tema;

c) o religioso, campo no qual a atenção do nosso filósofo se concentrou sobretudo nos últimos anos de sua vida (a esses podemos acrescentar, mas numa dimensão menor, um quarto interesse, de caráter pedagógico, que encontrou expressão nos Pensamentos sobre a educação*).*

Entre a grandeza de seu pensamento, veremos a seguir quais foram seus posicionamentos políticos e o que pensava sobre o papel do Estado na sociedade, bem como suas influências na relação entre os indivíduos.

2.2.1 Crítica ao absolutismo monárquico

Como um dos principais pensadores políticos de seu tempo, Locke desenvolveu em sua obra *Segundo tratado sobre o governo* uma teoria de governo limitado, na qual afirma que o poder monárquico é um contrato entre governo e governados, regido por uma constituição. Vivendo em Estado Natural entre os homens, prevalecia a liberdade e a igualdade de modo absoluto; ao buscar criar suas próprias leis e sair sem limites a suas necessidades, sem uma lei que servisse para todos, os direitos naturais, como vida, liberdade e propriedade, estariam ameaçados. No que se refere ao contrato social proposto por Locke, Mota e Braick (1997, p. 254) descrevem que:

Como cada um estabelecia sua própria vontade, o resultado final acabaria sendo o caos. Em sua concepção, a única saída para o caos seria o estabelecimento de uma sociedade civil e a instituição de um governo. Este, porém, deveria ter seu poder limitado por um contrato político entre a sociedade e os governantes. Para o filósofo, a autoridade e o poder delegados ao governante poderiam ser retirados, pois os indivíduos mantinham o direito de substituir, rebelar ou derrubar um governo tirânico.

Na tessitura de seu pensamento político, Locke trouxe à luz uma espécie de constitucionalismo liberal. Assíduo defensor das liberdades individuais, o filósofo inglês advogava em favor de um Estado mínimo, capaz de garantir os direitos de cada cidadão, que não tivesse como fundamento o direito divino, mas o direito natural. Nessa perspectiva, o bom governante não seria aquele confirmado por Deus, pela sua observância às Sagradas Escrituras, mas alguém tirado do meio do povo, que demonstrasse ter habilidades administrativas, políticas e econômicas. O Estado, nesse prisma, nasce para defender os interesses individuais, fundamentado no direito natural, no princípio da isonomia entre as pessoas, da liberdade e da autonomia humana (Reale; Antiseri, 2009a). A respeito da vida em sociedade e dos riscos de se viver fora dela, Locke (1973, p. 89) destaca que

> *Estas circunstâncias obrigam-no a abandonar uma condição que, embora livre, está cheia de temores e perigos constantes; e não é sem razão que procura de boa vontade juntar-se em sociedade com outros que estão já unidos, ou pretendem unir-se, para a mútua conservação da vida, da liberdade e dos bens a que chamo de "propriedade". O objetivo grande e principal, portanto, da união dos homens em comunidades, colocando-se eles sob governo, é a preservação da propriedade.*

Em seus atributos, o Estado tem poder de elaborar e fazer cumprir as leis. Diferentemente da proposta de Hobbes, que previa um Estado autoritário, para Locke, perante os abusos dos governantes era garantido o direito de protesto, pois a vontade do povo era soberana e os governantes estavam sujeitos a sua vontade, seus desígnios, suas propostas e seus projetos. O governo tinha toda a liberdade para trabalhar, desde que não violasse os interesses, ao mesmo tempo, dos indivíduos e da coletividade.

Locke condenava com veemência o despotismo pessoal dos monarcas ingleses e considerava o Executivo como mero agente do Legislativo, o poder supremo. Rejeitava de modo muito contundente a possibilidade da concessão de um poder ilimitado aos representantes do povo, alegando que o governo fora instituído entre os homens para a preservação da propriedade privada e do direito à posse individual. Dessa maneira, segundo Mota e Braick (1997, p. 255), as proposições políticas e governamentais de Locke "visavam entre outros elementos, basicamente proteger a liberdade individual do que promover a estabilidade e o progresso social". Para Locke (1973, p. 96),

> Somente o povo pode indicar a forma da comunidade, a qual consiste em constituir o legislativo e indicar em que mãos deve estar. E quando o povo disser, sujeitar-nos-emos a regras e seremos governados por leis feitas por estes homens, e, dessa forma, ninguém mais poderá dizer que os outros homens lhes façam leis: nem pode o povo ficar obrigado por quaisquer leis senão as que forem promulgadas pelos que escolheu e autorizou a fazê-las. Sendo o poder do legislativo derivado do povo por concessão ou instituição positiva e voluntária [...].

Diferentemente do que pensava e defendia Hobbes, para Locke, o Estado não deve ter ingerência nas questões religiosas, de cunho pessoal ou até mesmo nas opiniões. Em termos de crenças, a fé é vista como algo que não pode ser imposto e é preciso ter respeito e tolerância com as várias fés religiosas: "A tolerância para com aqueles que discordam dos outros em matéria de religião é algo de tal forma consoante com o **Evangelho** e com a **razão**, que é monstruoso existirem homens cegos a tanta luz" (Reale; Antiseri, 2009a, p. 108, grifo do original). Em Locke há profunda defesa dos direitos individuais, e, nesse sentido, o papel do Estado liberal e constitucional é dar garantias para que isso aconteça.

Para pensar

De acordo com Locke, o Estado deve garantir os direitos individuais, especialmente a propriedade. Como pensar a proposta de um liberalismo político sem incorrer no perigo do individualismo? Qual é o papel social do Estado? Há um limite para os direitos individuais em relação aos interesses coletivos?

2.3
Montesquieu e a divisão dos Três Poderes do Estado

Charles-Louis de Secondat (1689-1775), **Barão de La Brède e de Montesquieu,** nasceu no castelo de La Brède, próximo a Bordéus, na França, e morreu em Paris. Como um exímio estudante, conheceu profundamente as ideias políticas de Voltaire (1694-1778) e de Locke, discordando especialmente do filósofo inglês no que tangia aos direitos naturais e à origem do Estado.

Figura 2.4 – *Montesquieu*

Everett Historical/Shutterstock

Conforme Mota e Braick (1997, p. 256):

> *Negando a existência de uma forma perfeita de governo, Montesquieu pensava que o despotismo era o regime político apropriado aos países com vastos territórios, a monarquia limitada constituía o ideal para os de tamanho médio e a república representava a forma de governo mais adequada aos países pequenos.*

Recebeu formação iluminista com padres oratorianos e se tornou crítico severo e irônico da monarquia absolutista decadente, bem como do clero. Em *Cartas persas* (1721), obra de sua juventude, satirizou o rei, o papa e a sociedade francesa. Transpondo para o estudo da sociedade os critérios do método experimental, foi um dos pais da sociologia. Partilhou da fé da "era das luzes" na perfectibilidade do homem e da sociedade, renunciou à busca da melhor forma de Estado, tema especial para a literatura utópica, e tentou restabelecer concretamente as condições que garantiam nos diversos regimes políticos o ponto ideal da convivência civil: a liberdade.

Em *O espírito das leis* (1748), sua obra mais importante, aplicou "aos fatos sociais a análise empírica segundo o método das ciências naturais" (Reale; Antiseri, 2009a, p. 261). Trata-se de um "conjunto de relações (geográficas, climáticas, religiosas, econômicas, morais etc.) que caracterizam um conjunto de leis positivas e históricas que regulam os comportamentos e as relações humanas nas diversas sociedades" (Reale; Antiseri, 2009a, p. 261). Sobre a importância das leis, Montesquieu (1973, p. 33) destacou:

> As leis, no seu sentido mais amplo, são relações necessárias que derivam da natureza das coisas; e, nesse sentido, todos os seres têm suas leis; a divindade possui suas leis; o mundo material possui suas leis; as inteligências superiores ao homem possuem suas leis; os animais possuem suas leis; o homem possui suas leis.

O pensador trata das instituições e das leis e busca compreender a diversidade das legislações existentes em diferentes épocas e lugares. De acordo com Aranha e Martins (2003, p. 248):

> A pertinência das observações e a preocupação com o método permitem encontrar em seu trabalho elementos que prenunciam a análise sociológica. Ao procurar descobrir as relações que as leis têm com a natureza e o princípio de cada governo, Montesquieu desenvolve uma alentada teoria de governo que alimenta ideias fecundadas do constitucionalismo, pelo qual se busca distribuir a autoridade por meios legais, de modo a evitar o arbítrio e a violência.

Salientamos que, para Montesquieu, em relação às leis cada local possui suas especificidades. Nesse sentido, é possível que existam variações na compreensão do papel e do valor das leis em cada sistema político, de nação para nação. De acordo com sua reflexão, é possível evidenciar ao menos três formas de governo: republicano, monárquico e despótico. Esclarece o filósofo:

Para descobrir-lhes a natureza, é suficiente a ideia que deles têm os homens menos instruídos. Suponho três definições, ou antes, três fatos: um que o "governo republicano é aquele que o povo, como um todo, ou somente uma parcela do povo, possui o poder soberano; a monarquia é aquele em que um só governa, mas de acordo com leis fixas e estabelecidas; enquanto, no governo despótico, uma só pessoa, sem obedecer a leis e regras, realiza tudo por sua vontade e seus caprichos". (Montesquieu, 1973, p. 39)

Na tessitura de seus argumentos e na formulação de sua teoria política, Montesquieu ofereceu a seus contemporâneos um importante quadro e uma definição para pensar a separação dos poderes e as mais adequadas formas de governo. Seu contributo é profundamente verificado como um dos importantes pilares da construção do Estado Democrático de Direito.

2.3.1 Teoria dos três poderes

Contemplando a realidade política de seu tempo, especialmente no que se referia ao abuso de poder por parte do soberano, Montesquieu concluiu "que 'só o poder freia o poder', daí a necessidade de cada poder – executivo, legislativo e judiciário – manter-se autônomo e constituído por pessoas diferentes" (Aranha; Martins, 2003). Vale a pena ressaltar que a proposta da divisão dos poderes ainda não se encontrava em Montesquieu com a força e a clareza que se costumou atribuir-lhe posteriormente. Em outras passagens de sua obra, o filósofo político não defende uma separação tão rígida, pois o que pretendia era realçar a relação de forças e a necessidade de um equilíbrio entre os três poderes (Aranha; Martins, 2003).

Sobre a relação e o equilíbrio entre os poderes, Montesquieu (1973, p. 157) frisa:

> *Quando na mesma pessoa ou no mesmo corpo de magistratura o poder legislativo está reunido ao poder executivo, não existe liberdade, pois pode-se temer que o mesmo monarca ou o mesmo senado apenas estabeleçam leis tirânicas para executá-las tiranicamente. Não haverá também liberdade se o poder de julgar não estiver separado do poder legislativo e do executivo.*

A contribuição de Montesquieu supera uma simples análise teórica e explicativa da política de seu tempo. Aficionado pela liberdade e movido por uma grande paixão pelos estudos e pelo conhecimento, o filósofo francês fez de suas reflexões um caminho de elevação pessoal e de descoberta de novas perspectivas para a sociedade e para a organização e o exercício do poder. Como uma de suas principais contribuições para a democracia e o Estado de Direito, elaborou a teoria da divisão dos poderes.

> *Embora o pensamento de Montesquieu tenha sido apropriado pelo liberalismo burguês, as suas convicções dão destaque aos interesses de sua classe, e portanto, o aproximam dos ideais de uma aristocracia liberal. Ou seja, há uma crítica de toda forma de despotismo, mas ainda há também uma preferência por um tipo de monarquia moderada, pois em seu contexto não se concebia ainda a idéia de ver o povo assumindo o poder.*

(Aranha; Martins, 2003, p. 248)

Para Montesquieu, a liberdade deveria estar profundamente ligada ao cumprimento das leis. As leis deveriam garantir os direitos individuais e coibir os excessos por parte do Estado. Uma vez que há uma divisão entre os poderes do Estado, evitam-se posturas autoritárias e a liberdade e os direitos de cada pessoa estão mais seguros e são mais respeitados do que se os poderes estivessem todos nas mãos de apenas uma pessoa. A divisão dos poderes os equilibra e faz com que a vontade soberana do povo seja preservada. Nesse aspecto, é possível identificar uma aproximação entre Montesquieu e Locke. Ambos reconhecem a importância de um Estado não autoritário.

Os homens têm a tendência natural de abusar de qualquer parcela de poder que lhes seja confiada, de acordo com Montesquieu. Assim, a fim de evitar um governo despótico, a ação do governo deve ser dividida em três ramos ou nos três poderes, visando que cada setor do governo possa agir como um freio para os outros dois. Estabelecidas essas definições, Montesquieu assegura que "a liberdade política de um cidadão é aquela tranquilidade de espírito que deriva da persuasão que cada qual tem de sua própria segurança; para que se goze de tal liberdade é preciso que o governo esteja em condições de libertar cada cidadão do temor em relação aos outros", pois, para ele, "tudo estaria [...] perdido se o mesmo homem ou o mesmo corpo de governantes, dos nobres ou do povo exercesse juntamente os três poderes. O poder centralizado em todas as suas instâncias favorece inevitavelmente um 'apavorante despotismo'" (Mota; Braick, 1997, p. 256).

Para debater

> *Montesquieu defendeu* a divisão dos poderes para que não houvesse acúmulo de funções em apenas um dos poderes, o que poderia favorecer a corrupção ou o abuso. Em grupo, discuta como historicamente vem sendo vivenciada essa divisão. Há autonomia entre os Poderes Executivo, Legislativo e Judiciário? Seria possível dizer que há uma "judicialização" da política? Existe uma "politização" no Judiciário? Quais são as consequências sociais e políticas de um possível enfraquecimento na divisão dos poderes?

2.4
Jean-Jacques Rousseau e O contrato social

Figura 2.5 – Jean-Jacques Rousseau

Jean-Jacques Rousseau (1712-1778), ao contrário da maioria dos filósofos, teve uma família humilde e modesta. Filho de um relojoeiro com poucas posses, nasceu em Genebra (Suíça), mas viveu em Paris, em meio ao florescimento das ideias liberais que culminaram na Revolução Francesa*. Desde seu primeiro contato com pensadores e intelectuais franceses, Rousseau não via com tanto otimismo o desenvolvimento e o progresso da técnica e do método experimental, frutos da "era das luzes" e das revoluções. Tal posicionamento o colocou em uma situação um tanto desconfortável, se considerarmos que no mesmo período as ideias iluministas estavam a todo vapor e o imperativo do poder da razão humana e de sua autonomia eram contra todo tipo de sentimento e de interioridade, a fonte para se construir um mundo melhor (Aranha; Martins, 2003).

As particularidades de Rousseau não se verificam apenas em sua compreensão dos desenvolvimentos científico e tecnológico próprios da modernidade. No bojo de suas reflexões, tocou questões como a importância dos sentimentos e dos sentidos, valores fundamentais para

---

* A Revolução Francesa (1789-1799) foi um período de profunda agitação política e social, com duradouro impacto na história. Não suportando mais a monarquia absolutista e seus privilégios, a população francesa foi às ruas com o objetivo de tomar o poder e estabelecer uma nova ordem social; seu lema era "liberdade, igualdade e fraternidade", resumo do desejo de trabalhadores e camponeses.

o romantismo, e da educação, lançando até uma obra sobre bases da pedagogia moderna intitulada *Emílio* (1762), mesmo não tendo sido um bom pai e abandonando os cinco filhos em um orfanato. Suas maiores contribuições para a filosofia estão contidas nos livros *Discurso sobre a origem e os fundamentos da desigualdade entre os homens* (1754) e *Do contrato social* (1762).

> *Nostálgico de um modelo de relações sociais marcado pela recuperação dos sentimentos mais profundos do espírito humano, Rousseau lançou a hipótese do* estado de natureza, *segundo o qual o homem é originariamente íntegro, biologicamente sadio, moralmente reto, e mau e injusto apenas sucessivamente, por um desequilíbrio de ordem social.* (Reale; Antiseri, 2009a, p. 280, grifo do original)

Nesse sentido, de acordo com Reale e Antiseri (2009a, p. 280):

> *O "estado de natureza", portanto, não é uma experiência histórica particular, mas uma* **categoria teórica** *que serve a Rousseau para compreender melhor o homem presente e os aspectos corrompidos que se insinuaram na natureza humana no curso da história*. O "estado de natureza", sobre o qual se sente o influxo do mito do "bom selvagem", é precisamente* **um estado aquém do bem e do mal**: *deixada a seu livre desenvolvimento, a natureza humana leva ao triunfo dos sentimentos, e não da razão; ao triunfo dos instintos, e não da reflexão; da autoconservação, e não da aniquilação.*

Rousseau defendia a tese de que os homens viviam, primordialmente, em Estado Natural, porém conceituava esse estado de modo diferente de Locke. Enquanto para o pensador inglês o Estado Natural

---

* Para Rousseau, o Estado Natural é um mítico estado originário, "do qual o homem progressivamente decaiu por causa da 'cultura', responsável pelos males da época atual: a passagem do 'estado natural' para o 'estado civil' marcou para Rousseau um verdadeiro regresso" (Reale; Antiseri, 2009a, p. 281).

significava uma situação de caos, para o suíço tinha o sentido de paraíso, de realização plena do ser humano. Em sua visão, existiam pouquíssimas possibilidades de conflitos quando os homens estavam em Estado Natural, uma vez que não existia a propriedade privada e todos os eram iguais, tinham o necessário para subsistência, para serem e viverem felizes (Mota; Braick, 1997).

A proposta de um contrato social provocou o estudo de muitos pensadores políticos da modernidade. Entre as questões que mais despertaram a atenção estava a legitimidade do poder, que se encontrava na base dessa nova forma de organização social e política. Para Hobbes, o contrato social era algo imprescindível. Em sua teoria, sendo o ser humano mau por natureza, somente haveria paz se todos outorgassem o poder a um soberano capaz de evitar a guerra de todos contra todos. Em contrapartida, para Rousseau, o homem em seu estado natural vivia muito feliz, possuía o que era necessário para a sua subsistência, sem a necessidade de demarcar sua propriedade, pois tudo era de todos, e todos conseguiam viver bem dessa maneira.

Na compreensão de Rousseau, o contrato social levou o homem bom, o "bom selvagem", a criar necessidades que antes não tinha, como a posse, o que o levou a experimentar a pobreza, a miséria e as doenças. Como se não bastasse, a harmonia que existia no estado de natureza foi substituída pela luta de classes, na qual os mais frágeis foram subjugados pelos mais fortes. A lei do mais forte colocou muitos nos grilhões da indiferença e da vulnerabilidade social. Para ele, um contrato social só seria legítimo se tivesse a participação da sociedade, desde os mais pobres até os mais abastados, em que cada um abdicaria de seus direitos de forma isonômica em favor da comunidade. Em Rousseau, encontramos as sementes da democracia, uma vez que, para ele, o governante deveria ser eleito pelo povo, para o povo e, caso não cumprisse as suas obrigações, pelo mesmo povo deveria ser deposto.

2.4.1 O contrato social

Em sua célebre obra, Rousseau (1996, p. 70) inicia a reflexão com o seguinte pensamento: "O homem nasceu livre e, todavia, em todo lugar encontra-se em cadeias". O contrato social delineado por ele tem por fim libertar o homem de todo tipo de corrente e prisão e restituí-lo à liberdade, o que admite a construção de um modelo social fundado sobre a consciência e o desejo de cada indivíduo, aberto à comunidade e à convivência social (Reale; Antiseri, 2009a). Segundo Reale e Antiseri (2009a, p. 284, grifo do original), há um princípio que legitima o poder e garante a **transformação social**,

> *a vontade geral amante do bem comum, que é fruto de um pacto de união que, instituído entre iguais que permanecem sempre tais, dá lugar a um corpo moral e coletivo: a vontade geral não é, portanto, a soma das vontades de todos os componentes, mas uma realidade que brota da renúncia de cada um aos próprios interesses em favor da coletividade.* **Esta é, portanto, uma socialização radical do homem, de sua total coletivização, voltada a impedir a emergência e afirmação de interesses privados:** *a vontade geral, encarnada no e pelo Estado, é tudo.**

---

* A vontade geral pode ser entendida como "o princípio que legitima o poder e garante a transformação social inaugurada pelo 'novo contrato'. Enquanto a vontade particular tem sempre como objeto o interesse privado, a **vontade geral** é, ao contrário, **amante do bem comum**, e se propõe o interesse comum: ela não é, portanto, a soma das vontades de todos os componentes, mas uma realidade que brota da renúncia de cada um aos próprios interesses em favor da coletividade" (Reale; Antiseri, 2009a, p. 285, grifo do original).

No pacto social proposto por Rousseau, o indivíduo abdica de sua liberdade, mas como é parte ativa do todo social, ao obedecer à lei obedece a si mesmo e, portanto, é livre: "A obediência à lei que se estatuiu a si mesma é liberdade" (Aranha; Martins, 2003, p. 250). Isso significa que o contrato não faria o povo perder a soberania, pois não cria um Estado separado dele mesmo, o que se torna possível porque cada associado, mesmo quando se aliena totalmente em favor da comunidade, nada perde, porque, na qualidade de povo incorporado, mantém a soberania.

Nas palavras de Reale e Antiseri (2009a, p. 286, grifo do original):

> *O único caminho para remediar a decadência da humanidade e relativa falta de liberdade é, para Rousseau, a estipulação de um **novo contrato social**, em vista de um renovado "estado civil", contrato que se exprime nos seguintes termos essenciais: "Cada um de nós põe em comum sua pessoa e todo seu poder, sob a direção suprema da vontade geral". Trata-se da alienação total de cada associado, com todos os seus direitos, a toda a comunidade, por meio da qual "se produz imediatamente um corpo moral e coletivo unitário", cujos associados "tomam coletivamente o nome de **povo**, e singularmente se chamam **cidadãos**, enquanto participantes da autoridade soberana, e **súditos**, enquanto submissos às leis do Estado.*

Segundo Rousseau, o conceito de soberano se aplica ao corpo coletivo que expressa a vontade geral por meio da lei. A soberania do povo, manifesta pelo legislativo, é inalienável, isto é, não pode ser representada. Tomando a democracia pelos moldes de Rousseau, toda lei não confirmada e apoiada pelo povo deve ser considerada nula e arbitrária, por isso o ato pelo qual o governo é instituído pelo povo não cria um estado de submissão de um pelo outro; ao contrário, não há um "superior", já que os depositários do poder não são senhores do povo, mas seus oficiais, podendo ser eleitos ou destituídos conforme a conveniência. Os magistrados que constituem o governo são subordinados ao poder de decisão do soberano e apenas executam as leis, devendo haver rotatividade na ocupação dos cargos e das funções.

Em *O contrato social*, Rousseau lança as bases para uma democracia direta ou participativa, mantida por meio de assembleias frequentes de todos os cidadãos. Também distingue dois tipos de participação na comunidade: como soberano, o povo é considerado ativo e cidadão, mas também exerce uma soberania passiva, assumida na qualidade de súdito. Conforme Aranha e Martins (2003, p. 250), "o mesmo indivíduo, enquanto faz a lei, é cidadão, mas é súdito enquanto obedece e se submete. Além de inalienável, a soberania é também indivisível, pois não se pode tomar os poderes separadamente".

Com as propostas políticas de Rousseau, o homem é chamado a reconhecer a importância da consciência pública representada na figura do Estado. Encarnada no Estado e pelo Estado, a vontade geral passa a ser reconhecida como o primado da Administração Pública e da política como um todo. O contrato social dá origem a um Estado democrático em que o poder não pertence mais a um monarca ou a uma oligarquia, mas sim à comunidade – e aqui temos a grande contribuição de Rousseau. Contudo, essa maneira de pensar e de conceber a política e a convivência social também apresenta problemas, pois, como analisam Reale e Antiseri (1990, p. 772, grifo do original),

> *consagra o despotismo da maioria, que se arroga o caráter de* **totalidade***, razão pela qual sua vontade não apenas é lei, mas também é norma da justiça e da virtude. Do ponto de vista político, bem como do ponto de vista ético, é negada a liberdade da pessoa humana e, inclusive, quando ela se encontra em conflito com a vontade predominante, lhe é imposto o dever de reconhecer que se "enganou" e, portanto, de sacrificar integralmente a sua razão à vontade coletiva, com um verdadeiro ato de fé. E assim como que impelida por uma fatal necessidade, a filosofia revolucionária de Rousseau desemboca no Estado ético e totalitário.*

Rousseau ofereceu importante contributo para a filosofia política, pois sua teoria sobre o contrato social abriu espaço para pensar a vontade popular e os limites do poder do soberano no exercício da função.

Para pesquisar

> A democracia é uma forma de governo na qual o povo exerce a soberania, um conceito amplamente discutido no pensamento político de Rousseau e com origem na filosofia antiga. Pesquise as aproximações e as diferenças do conceito de democracia em Platão, em Aristóteles e em Rousseau.

2.5
Adam Smith e o liberalismo econômico

Adam Smith (1723-1790) nasceu e morreu na Escócia. Foi um importante filósofo, estudioso das teorias fisiocratas*, vindo de família bem colocada social e financeiramente. Com a morte precoce do pai, foi criado pela mãe, não se casou nem teve filhos. Em 1737, foi para a universidade de Glasgow, onde deu início a estudos dos clássicos greco-romanos de filosofia, de teologia e de matemática. Na época, conheceu o professor Francis Hutcheson, um dos maiores teóricos protestantes da Filosofia do Direito Natural, que exerceu nele grande influência. Foi dessa maneira que Smith começou a estudar os problemas econômicos de seu tempo e passou a ser considerado o pai da moderna teoria econômica.

---

* A fisiocracia é considerada a primeira escola da economia científica, baseada na afirmação de que toda riqueza era proveniente da agricultura, o verdadeiro e único modo de gerar riquezas por proporcionar grandes lucros e exigir poucos investimentos, razão por que deveria ser valorizada, contrariando o pensamento mercantilista da acumulação de metais.

*Figura 2.6 – **Adam Smith (1723-1790)***

Everett Historical/Shutterstock

A teoria do liberalismo econômico surgiu em meio ao fim do mercantilismo, período em que era fundamental estabelecer novos paradigmas, uma vez que o capitalismo e os novos sistemas de produção estavam se firmando cada vez mais. O lastro principal do liberalismo econômico é a defesa da emancipação da economia de todos os dogmas externos a ela, com a eliminação de interferências provenientes de qualquer meio na economia, especialmente dos governos e do Estado. Como teoria, o liberalismo político teve início no fim do século XVIII, tendo como uma de suas principais referências François Quesnay (1694-1774), que afirmava que a verdadeira atividade produtiva estava vinculada à agricultura. Outro filósofo importante do período foi Vicent de Gournay (1712-1759), que defendia que as atividades do comércio e da indústria deveriam gozar de liberdade para se desenvolverem e alcançarem a acumulação de capitais e de recursos.

Em meio a uma série de argumentos e de pensadores políticos, Smith foi quem obteve maior reconhecimento sobre seus pensamentos e suas teorias ao confrontar antecessores e contemporâneos. Em seu livro *A riqueza das nações* (1776), afirmou as principais ideias do liberalismo econômico, indicando que a prosperidade econômica e a acumulação de riquezas não são concebidas por meio das atividades rural ou comercial, mas sim com o trabalho livre. Buscou diferenciar a economia política da ciência política e a ética da jurisprudência, fazendo duras críticas à política mercantilista e sua intervenção irrestrita na economia. Uma de suas maiores grandezas foi afirmar que o desenvolvimento e o bem-estar de uma nação advêm do crescimento econômico e da divisão do trabalho, que garantem a redução dos custos de produção e a queda dos preços das mercadorias. Defendeu também a livre concorrência econômica e a acumulação de capital como fonte para o desenvolvimento econômico. Tais ideias provocaram inúmeras mudanças na compreensão da economia e em sua relação com as formas de governo e de produção.

2.5.1 Liberalismo

Como uma nova maneira de pensar as relações políticas e econômicas, o liberalismo despontou como o anseio de maior liberdade e autonomia para as relações de mercado. Se durante o período mercantilista os governos controlavam os rumos da economia de um país, os liberalistas advogaram em favor de uma intervenção mínima do Estado no mercado financeiro. De acordo com Smith, dada a dinamicidade da economia, não se faziam necessárias tantas intervenções governamentais nesta. Para ele, o mercado tem mecanismos capazes de regular prontamente suas atividades na direção do equilíbrio e da maior produtividade.

Ao permitir a autorregulação do mercado, o governo tornaria possível inúmeros benefícios para a sociedade e maior rentabilidade para todos. Uma das principais bandeiras dos liberalistas era a livre concorrência entre produtores e consumidores, além da famosa lei da oferta e da procura, que traria maior dinamismo para a economia. Após muito tempo em que se pensou a economia apenas como determinada política de governo, depois de Smith e de seus asseclas ela passou a ser considerada também como ciência.

Para o "pai do liberalismo", o trabalho produtivo – e não a agricultura, como muitos defendiam – era a verdadeira fonte de riqueza. Embora aceitasse o princípio do *laissez-faire**, acreditava que certos tipos de interferência governamental na economia eram aceitáveis caso se destinassem a prevenir a injustiça e a opressão ou a incentivar a educação e a proteger a saúde pública.

Contrariando a concepção feudal que via na propriedade e na terra a medida e a fonte de riqueza, para os liberalistas a fonte verdadeira era o dinheiro; enquanto as propriedades eram particulares, o uso do dinheiro era universal. A fonte de toda riqueza se tornou o trabalho, e não a natureza; a capacidade do trabalho e da transformação da natureza em riqueza é um dos mais importantes atributos da humanidade. A posse do dinheiro a partir da modernidade passou a ser sinônimo de felicidade e de realização pessoal, não apenas algo para a sobrevivência. Contra a manipulação dos estados absolutistas da economia, o mercado precisa ser livre e autorregulador; o monopólio vinculado ao mercantilismo e às manufaturas deve abrir espaço para o sistema fabril e para a ampla concorrência.

Partindo do princípio de que todos os homens são livres por natureza, Smith afirma que "o homem pode vender sua capacidade de trabalho por um valor negociado diretamente com o contratador, mas jamais

---

* Expressão que significa "deixem fazer, deixem passar, o mundo vai por si mesmo" e traduz o espírito mais puro do capitalismo. Seus defensores acreditavam que o mercado e seus mecanismos deveriam funcionar sem interferências até mesmo do governo. O papel do Estado seria mínimo e se limitaria à manutenção da lei e da ordem, à defesa nacional e à oferta de determinados serviços públicos nos quais o setor privado não estivesse interessado.

pode ser reduzido à condição de mercadoria. O produto do trabalho constitui a recompensa natural ou salário do trabalho" (Smith, 1974, p. 62). Assim, a própria capacidade de trabalho é um produto sujeito às leis de oferta e de demanda que regulam o mercado. Em troca do salário, o trabalhador concorda em colocar sua capacidade de trabalho a fim de produzir riqueza para o contratador por um período que também é definido na negociação.

Outro ponto importante da teoria diz respeito à divisão do trabalho: "A divisão do trabalho que pode ser efetuada em cada caso origina porém, em todas as indústrias, um aumento proporcional da produtividade" (Smith, 1974, p. 14). Para o autor, no momento em que houvesse a especialização do trabalho, em todas as profissões e principalmente em todas as nações, seria facilitada a produção de bens; no plano internacional, o mundo se transformaria em uma vasta oficina, executando-se o trabalho onde se exigisse menor necessidade de tempo e de esforço, graças à colaboração da natureza e ao aproveitamento das aptidões humanas. Tal divisão do trabalho criaria, mediante o desenvolvimento de atividades diferentes e complementares, a solidariedade entre os homens e as nações (Mota; Braick, 1997).

Para conversar

> Smith acreditava que quanto menos o Estado interferisse no mercado, maiores seriam os benefícios para toda a sociedade. Não seria ingenuidade confiar cegamente na autorregulação do mercado? De quem seriam os interesses que este defende? Como pensar em uma economia mais sustentável e solidária? Há limites para o mercado? Como ficam questões relacionadas a direitos trabalhistas, ética e preservação ambiental?

Síntese

A *noção de Estado Moderno* começou a se configurar com inúmeras transformações sociais e políticas provocadas pelo humanismo renascentista e seus reflexos no campo da ciência, na compreensão do mundo e do ser humano, do poder e de suas relações. Em termos políticos, a modernidade representou um salto qualitativo para a história da filosofia, e isso se verifica em especial na composição das formas de governo em várias nações do mundo, no desenvolvimento de novos tipos de produção, na compreensão sobre a riqueza e suas maneiras de obtenção e de acúmulo, bem como nas diferentes concepções sobre os indivíduos e sua participação política na sociedade.

Em toda a modernidade, muitos foram os pensadores políticos que contribuíram para a fundamentação teórica do período, que foi tão dinâmico e sublime para a história de filosofia. Na esteira de Nicolau Maquiavel (1469-1527), vimos neste capítulo Hobbes, Locke, Montesquieu, Rousseau e Smith, cujas reflexões partiram da compreensão do homem com base no Estado Natural. Eles descreveram a importância do nascimento do Estado em suas várias concepções (absolutista, democrática, liberal) na vida das pessoas e na organização da sociedade civil; analisaram a concepção de poder além das questões religiosas, sua importância para se governar e sua possível divisão em vista de evitar abusos; e refletiram sobre as formas de produção de riquezas, o papel do Estado na economia e a nova compreensão do trabalho sob as óticas liberal e capitalista. Todas essas reflexões foram fundamentais para uma nova compreensão de sociedade pautada na autonomia, nos direitos e nos deveres de cada cidadão – definições, práticas e valores que estão presentes até nossos dias.

Indicações culturais

Filmes

A DAMA de ferro (The Iron Lady). Direção: Phyllida Lloyd. Reino Unido, 2011. 104 min.

Buscando recriar a imagem de Margaret Thatcher, primeira-ministra da Inglaterra durante muitos anos, o filme retrata, entre lutas e preconceitos, o período de recessão econômica causada pela crise do petróleo no fim da década de 1970 e as medidas impopulares tomadas pela líder política em vista da recuperação do país. O longa propõe uma reflexão sobre os rumos da política neoliberal e suas consequências, em especial para as camadas mais pobres da sociedade.

LEVIATÃ (LEVIATHAN). Direção: Andrey Zvyagintsev. Rússia, 2015. 141 min.

Thomas Hobbes foi um grande filósofo e político do século XVII, cujo pensamento mais popularizado é o de que "o homem é o lobo do homem". *Leviatã* não é um filme sobre uma criatura que habita o mar, mas sobre as relações monstruosas que habitam a Terra: pessoas que em nome dos próprios interesses declaram guerra umas contra as outras. Com base na luta de um pai por justiça, por não querer perder as terras apropriadas por um prefeito corrupto, o longa faz pensar tomando como referência a obra de Hobbes, as relações humanas, a vida em sociedade e o papel de equilíbrio do Estado.

PERFUME, a história de um assassino. Direção: Tom Tykwer. EUA, 2006. 86 min.

Jean-Jacques Rousseau foi um dos filósofos políticos mais importantes da modernidade. Ele acreditava que o homem nasce naturalmente bom, mas a sociedade o corrompe. Partindo da premissa de que as condições sociais influenciam a vida e as atitudes de uma pessoa, o filme conta a conturbada história do talentoso Jean-Baptiste Grenouille, contemporâneo de Rousseau, em meio às desigualdades e às calamidades, aos perfumes e aos odores de Paris no século XVIII. A história faz pensar sobre os limites e os alcances do desenvolvimento da modernidade e suas influências sobre a vida das pessoas, especialmente das que estão à margem da sociedade.

Livro

BOBBIO, N. **Estado, governo, sociedade**: fragmentos de um dicionário político. Tradução de Marco Aurélio Nogueira. 20. ed. Rio de Janeiro: Paz e Terra, 2017.

O italiano Norberto Bobbio tem se destacado nas últimas décadas como um dos grandes pensadores políticos da atualidade. Em suas obras, aborda os principais temas e conceitos políticos desde a modernidade e suas relações com a política hodierna. Essa obra é uma importante referência bibliográfica para quem deseja pensar a crise de nossa época sem dogmatismos, buscando reorganizar as bases da convivência social por meio da reforma do Estado e da própria política. Há destaque para temas como formas de governo e de Estado, ideia de sociedade civil na interpretação do direito natural e do debate atual e critérios de legitimidade da democracia, da paz e da ordem universal.

Atividades de autoavaliação

1. O pensamento político na modernidade foi marcado por inúmeras diferenças que enriqueceram a filosofia e a organização da sociedade. Entre os pensamentos que mais fizeram eco na época, destaca-se o seguinte: "O homem nasce bom, mas a sociedade o corrompe".

Assinale a alternativa que corresponde ao filósofo que cunhou a expressão:
  a) Hobbes.
  b) Maquiavel.
  c) Rousseau.
  d) Aristóteles.

2. Relações políticas são marcadas por interesses individuais que, em muitos casos, podem contrariar os interesses coletivos. Cônscio dessa realidade, Hobbes chegou a dizer que "o homem é o lobo do homem". Assinale a alternativa que corresponde à obra mais importante do filósofo:
  a) *O príncipe*.
  b) *Emílio*.
  c) *Do espírito das leis*.
  d) *Leviatã*.

3. Assinale a alternativa que corresponde à forma de governo defendida por Hobbes, Locke e Rousseau:
  a) Estado Absoluto; Estado Liberal; Estado Convencional.
  b) Estado Absoluto; Negação do Estado; Estado Liberal.
  c) Estado Liberal; Estado Convencional; Estado Absoluto.
  d) Para os três filósofos, o Estado não era necessário.

4. Sobre os princípios de legitimidade do poder ao longo da história, preencha corretamente a frase a seguir com as seguintes expressões: *tradição*; *elite*; *vontade do povo*; *vontade de Deus*:

De acordo com a teoria do direito divino dos reis, o poder legítimo precede da _____. Já nas monarquias hereditárias, o poder é transmitido de geração em geração e mantido pela força da

_____. Na aristocracia, apenas os mais qualificados exercem função de reconhecimento; por mais qualificados se entendem os mais ricos e poderosos, a nobreza e a _____, detentoras do saber. Por fim, na democracia, o poder legítimo nasce do consenso, da _____.

5. A filosofia política na modernidade marcou o início do Estado moderno e de suas novas formas de governo. Assinale a alternativa **incorreta** sobre os principais temas políticos do período:
   a) Natureza do poder e da autoridade; ideia de direito e justiça; regimes políticos.
   b) Nascimento e formas do Estado; absolutismo papal; teoria dos três poderes.
   c) Ideia de direito e justiça; teoria dos três poderes; pacto social.
   d) Pacto Social; natureza do poder e da justiça; Estado de Natureza.

Atividades de aprendizagem

Questões para reflexão

1. Um dos principais acontecimentos da modernidade foi a formação do Estado e sua nova compreensão sobre a organização social e o papel dos cidadãos em sua atividade administrativa. Descreva algumas das funções e das atribuições do Estado Moderno.

2. Um Estado pode ser liberal, social-democrata, descentralizado ou reforçado. Descreva o motivo pelo qual o Estado Absolutista é considerado por alguns autores um Estado totalitário.

3. O início da modernidade está ligado a um processo geral de transformações humanísticas, artísticas, culturais e políticas; a concentração do poder promoveu um tipo de Estado, o Estado Absoluto.

Por essa compreensão política, em que base era fundamentado o poder do rei?

4. Ao fundamentar sua ideia de contrato social, Hobbes faz uma analogia entre o Estado e a figura bíblica do Leviatã. Quais são as duas características principais que permitem essa aproximação?

5. Locke é politicamente reconhecido como alguém que teceu uma profunda crítica ao absolutismo monárquico. Em relação ao indivíduo, segundo o filósofo inglês, qual deveria ser o principal papel do Estado?

6. A teoria da divisão do três poderes foi uma das grandes contribuições da modernidade em termos políticos. Qual teria sido a preocupação maior de Montesquieu ao pensá-la?

7. Paralelo à crise do mercantilismo surgiu o liberalismo como uma nova teoria política e econômica. Aponte ao menos três características fundamentais para a compreensão de suas propostas e de suas práticas.

Atividade aplicada: prática

1. A filosofia política na modernidade se caracterizou pela passagem do sistema feudalista medieval para a formação do Estado Moderno. Faça uma breve pesquisa sobre essas duas formas de organização política e social e elabore um quadro comparativo destacando em pelos menos dez tópicos suas diferenças.

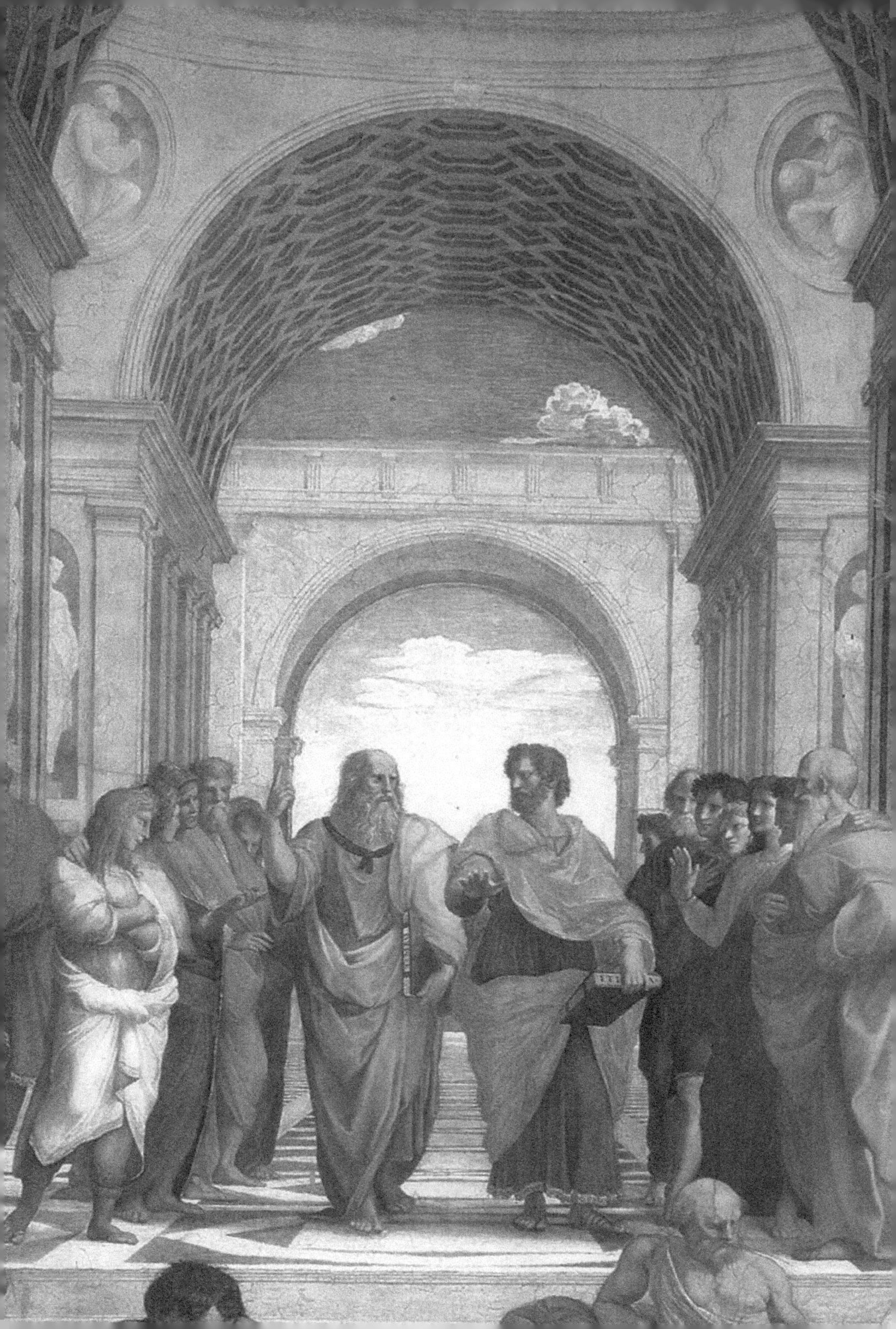

3

Racionalismo

"Primeiramente, considero haver em nós certas noções primitivas, as quais são como originais, sob cujo padrão formamos todos os nossos outros conhecimento". (Descartes)

O racionalismo despontou na modernidade como uma de suas principais marcas. Colocando em xeque as verdades e os saberes que ainda não tinham passado pelo crivo da razão, os pensadores do cogito inauguraram um novo tempo na história da filosofia e novos caminhos para a busca do conhecimento. Uma das expressões mais claras do período foi o interesse pelo método, pelo caminho que leva até os objetos e o modo como podemos apreendê-los.

Para René Descartes (1596-1650), segundo Aranha e Martins (2003, p. 178):

> É tão importante a questão do método no século XVII que Descartes a coloca como ponto de partida do seu filosofar. A dúvida metódica é um artifício com que demole todo o edifício construído e pretende recomeçar tudo de novo. O método adquire um sentido de invenção e descoberta, e não mais uma possibilidade de demonstração organizada do que já é sabido.

Embora o método tenha sido sempre objeto de discussão na filosofia, nunca o foi com a intensidade e a prioridade que lhe dedicaram os filósofos da modernidade. Até então, a filosofia se debruçava sobre o problema do ser, mas então se voltou para as questões que envolvem o processo do conhecimento. Desprendendo-se da busca do ser das coisas, os racionalistas, pelo uso da razão, verificaram até onde e como podemos conhecer. Neste Capítulo, veremos como Descartes, Pascal, Spinoza, Leibniz e Hegel abordaram tais questões e quais foram suas respostas.

3.1
René Descartes e o cogito

Figura 3.1 – René Descartes

Descartes nasceu na França, em uma família com recursos. Aos 8 anos de idade, foi enviado ao colégio jesuíta de La Flèche; anos depois, estudou Direito na Universidade de Poitiers e, em seguida, mudou-se para Paris, onde permaneceu por dois anos e escreveu um tratado sobre esgrima. No entanto, a vida parisiense não era favorável a seus estudos, razão por que foi morar na Holanda, pois dizia que, enquanto os holandeses se preocupavam com eles mesmos, os outros podiam estudar de modo independente. Com o intuito de conhecer lugares distintos, alistou-se no exército do príncipe Maurício de Nassau (1604-1679) durante sua passagem pela Alemanha. Em novembro de 1619, Descartes teve o célebre sonho que inspirou a criação de uma ciência universal, denominada mais tarde, na regra três, de *Regras para direção do espírito* (escrito de 1622 a 1629, porém publicado postumamente).

Ao refletir em determinado momento de sua vida sobre a formação recebida de seus preceptores, Descartes (1973, p. 41) enfatizou: "Eis por que, tão logo a idade me permitiu sair da sujeição de meus preceptores, deixei inteiramente o estudo das letras. E, resolvendo-me a não mais procurar outra ciência além daquela que se poderia achar em mim próprio, ou então no grande livro do mundo". E o autor prosseguiu: "Mas, depois que empreguei alguns anos em estudar assim no livro do mundo, e em procurar adquirir alguma experiência, tomei a resolução de estudar também a mim próprio e de empregar todas as forças de meu espírito na escolha dos caminhos que devia seguir" (Descartes, 1973, p. 41).

A produção filosófica de Descartes é dominada pelo projeto de ancorar firmemente a ciência em um fundamento que poderia legitimar a pretensão de conhecer o mundo exterior em toda sua verdade. Foi um defensor da nova ciência, que privilegiava as matemáticas como instrumentos de conhecimento dos fenômenos naturais. À diferença de outros eruditos e filósofos da época, mas em concordância com Galileu Galilei (1564-1642), pretendia que as matemáticas descrevessem o mundo como ele é na realidade, e não somente como aparece ao espírito humano ou como a ciência o interpreta.

Nisso, Descartes não se limitou a construir uma metodologia complexa em honra das ciências, mas se dedicou a dar a elas um fundamento metafísico muito elaborado: Deus, a alma e a relação da alma com o corpo constituem o objeto de uma ampla reflexão que marcou os desdobramentos e os avanços da filosofia moderna. Tamanha foi a contribuição de Descartes que por alguns pensadores passou a ser considerado o pai da filosofia moderna (Scribano, 2012).

3.1.1 Método

Em 1637, partindo da máxima *cogito ergo sum* (penso, logo existo), Descartes publicou o *Discurso sobre o método*, obra que inaugurou e revolucionou o pensamento filosófico moderno. Ao longo de suas páginas, buscou defender o uso da razão em todos os domínios da vida humana, afirmando que a análise da razão deveria ser um parâmetro para todas as coisas, em uma perspectiva libertadora voltada contra qualquer tipo de dogmatismo. Suas teorias o colocaram em rota de colisão com teólogos e com a Igreja de modo geral, assim como Galileu com a teoria do heliocentrismo, da qual Descartes também era defensor e a qual havia incorporado em seus escritos e pensamentos.

Em um momento em que haviam se afirmado e se desenvolvido com vigor novas perspectivas científicas, antropológicas, humanistas, políticas e se abriam novos horizontes de modo geral para a filosofia, Descartes percebeu a falta de um método ordenador, racional, capaz de ser um instrumento fundacional verdadeiramente eficaz. O erro, em sua compreensão, foi resultado do mau uso da razão, e por isso era necessário criar um método que pudesse evitá-lo, com base em um procedimento que garantisse o sucesso do conhecimento. O novo método deveria se apresentar como início de novo saber, e do fundamento deste dependia a amplitude e a solidez do edifício necessário em contraposição ao edifício aristotélico, especulativo, sobre o qual toda a tradição vinha se apoiando e que a partir da modernidade encontrou seu ocaso.

O objetivo principal de suas investigações foi a pesquisa de um método adaptado à conquista do saber, que foi descoberto levando em consideração o matemático, em conformidade com o critério de clareza e de distinção. Como princípio fundamental de todo o conhecimento, coloca o *cogito ergo sum* – a certeza do próprio pensamento e da própria existência – e, com base nisso, reconstrói todo o universo da metafísica clássica: prova que a essência do homem (composto de matéria e de espírito) consiste no pensamento (*res cogitans*), demonstra a existência de Deus com a prova ontológica e afirma que o mundo é essencialmente extensão (*res extensa*).

Na tessitura de seus argumentos e em busca de melhor compreensão de seu método, Descartes apresenta quatro preceitos simples, que, se devidamente observados, podem conduzir ao conhecimento de tudo aquilo que se pode conhecer:

> *O primeiro era o de jamais acolher alguma coisa como verdadeira que eu não conhecesse evidentemente como tal; isto é, de evitar cuidadosamente a precipitação [...].*
> *O segundo, o de dividir cada uma das dificuldades que eu examinasse em tantas parcelas quantas possíveis e quantas necessárias fossem para melhor resolvê-las.*
> *O terceiro, o de conduzir por ordem meus pensamentos, começando pelos objetos mais simples e mais fáceis de conhecer, para subir, pouco a pouco, como por degraus,*

até o conhecimento dos mais compostos [...]. E o último, o de fazer em toda parte enumerações tão completas e revisões tão gerais, que eu tivesse a certeza de nada omitir.
(Descartes, 1973, p. 45-46)

Para o filósofo, o rigor em qualquer tipo de pesquisa e busca de conhecimento passa pelo crivo de seu método (simplificação e concatenação), profundamente baseado e fundamentado no rigor geométrico. Sobre a importância da matemática em sua vida e sua construção filosófica, Descartes (1996, p. 71) enfatiza:

> *Gostava sobre tudo das matemáticas, por causa da certeza e da evidência das razões; mas não observei no entanto qual era o seu verdadeiro uso, pensando que elas apenas serviam as artes mecânicas, espantava-me que seus fundamentos sendo tão firmes e tão sólidos, ainda nada se havia construído sobre eles algo de mais relevante [...]. Mas, depois de ter empregado alguns anos estudando o livro do mundo, e de procurar adquirir alguma experiência tomei a resolução de estudar também em mim mesmo, e empregar todas as forças de meu espírito a escolher os caminhos que eu deveria seguir.*

Estipulado o novo caminho metodológico, o filósofo passou a verificar, com base no princípio da dúvida, a consistência do saber tido como tradicional em sua época. Diante de conceitos ou verdades que há muito tempo já estavam cristalizados, ele não os concebia logo de cara como verdadeiros e os submetia à prova para ver a força e a amplitude dos seus argumentos. Somente passando pelo crivo da dúvida e do questionamento é que um conhecimento poderia ser aceito ou definitivamente negado. Para ele, a única verdade imediata era a proposição "penso, logo existo". Descreve Descartes (1973, p. 54) que, "notando que esta verdade: **eu penso, logo existo**, era tão firme e tão certa que todas as mais extravagantes suposições dos céticos não seriam capazes de a abalar, julguei que podia aceitá-la, sem escrúpulo, como primeiro princípio da Filosofia que procurava".

Nessa perspectiva, Reale e Antiseri (2009b, p. 291) enfatizam:

A aplicação das regras do método leva assim à descoberta de uma verdade que, retroagindo, confirma a validez das mesmas regras para qualquer saber. O banco de prova do novo saber, filosófico e científico é, portanto, o sujeito humano, a consciência racional, e em todos os ramos do conhecimento do homem deve proceder na cadeia das deduções a partir de verdades claras e distintas ou de princípios autoevidentes. A filosofia não é mais, portanto, a ciência do ser, e sim a doutrina do conhecimento, gnosiologia. Esta é a reviravolta que Descartes imprime na filosofia.

Por várias razões, desde Descartes, a preocupação dominante do filósofo moderno não mais diz respeito ao ser, à realidade em si, às causas últimas das coisas, a Deus, mas sim ao homem, a sua capacidade de conhecer o mundo e de transformá-lo. O que conta, acima de tudo, é estabelecer o valor do conhecimento humano e descobrir uma metodologia adequada para a investigação filosófica. Descartes, pai do racionalismo, fascinado pela matemática e pela geometria, considerava que o único conhecimento válido era aquele que não provém dos sentidos, como defendiam os filósofos empiristas, mas que se encontra inato na alma.

A respeito do método cartesiano, podemos dizer, em síntese, que sua grandeza foi colocar em dúvida qualquer conhecimento que não fosse claro e distinto. Para Descartes, clareza e distinção constituíam propriedades essenciais de todo conhecimento verdadeiro. O conhecimento racional tem por objetos o universal e o necessário e é, portanto, capaz de apreender a natureza verdadeira e imutável das coisas. O homem, em sua compreensão, atinge a perfeita felicidade fazendo triunfar o poder da razão sobre os instintos e as paixões. O racionalismo, mais do que apenas uma corrente filosófica entre outras, mostra-se fundamental em um tempo de novas e profundas descobertas, em que a razão sobrepõe a fé, a dúvida metódica sobrepõe as certezas e as verdades preestabelecidas e a capacidade de pensar sobre si e as coisas que nos cercam se tornam germes preciosos do pensamento filosófico moderno.

Para pensar

> O *método cartesiano* da dúvida tem por objetivo produzir um conhecimento sólido, comprovado e verdadeiro. Em tempos de radicalização e de polarização das questões políticas, sociais, religiosas e educacionais, como as contribuições de Descartes podem ajudar a superar opiniões, preconceitos, veiculação de notícias falsas e disseminação de ódio e de violência pelas redes sociais?

3.2
Blaise Pascal e a autonomia da razão

Na modernidade, a razão encontrou seu período mais próspero e fecundo; contudo, ainda que tenha sido fundamental para o desenvolvimento filosófico, encontrou resistências, inúmeras críticas e releituras. Entre os pensadores que tiveram um olhar diferente sobre a razão, destacou-se Blaise Pascal (1623-1662). Para ele, a razão não é suficiente a si mesma, portanto, tem limites. Defendia que a ética, a vida social e a religião é que definem o mundo real, o qual, em grande proporção, escapa das possibilidades da razão.

Figura 3.2 – *Blaise Pascal*

Georgios Kollidas/Shutterstock

Nascido na França, desde a juventude se dedicou ao estudo de Física e de Matemática, pelas quais tinha grande amor, mas, ao mesmo tempo, uma visão crítica. Conservava dentro de si uma fé religiosa que o fazia pensar a relação entre Deus, o mundo e os seres humanos em uma perspectiva harmônica e repleta de sentido. Cônscio dos limites da razão, elaborou profunda crítica ao método cartesiano, que pretendia reduzir tudo a ideias claras e distintas. A isso contrapôs o método afetivo (*esprit de finesse*): as ideias claras e distintas, as ideias emocionantes. Mais do que opor a razão ao coração, pretendia integrar a razão ao coração, valendo-se de ambos na defesa do cristianismo, de quem foi ardente prosélito e hábil apologista. Suas principais obras foram *Cartas provinciais* (1657) e *Pensamentos* (1670). Este último reúne 18 cartas escritas entre 1656 e 1657, que, de acordo com Abbagnano (1960), são marcadas por grande profundidade e humorismo, que as levaram a constituir um dos primeiros monumentos literários da língua francesa.

Ainda que religioso, não deixou seus estudos e suas pesquisas científicas e se ocupou com o cálculo das probabilidades. Na sequência de uma experiência mística, em 1654 fez sua "segunda conversão" e entrou para

Port-Royal-des-Champs, um convento cisterciense Paris, fundado em 1204. Após enfrentar inúmeras polêmicas teológicas, como o jansenismo, corrente de pensamento que acreditava que a salvação era apenas para pessoas predestinadas, Pascal se distanciou das ciências para se dedicar ao estudo de filosofia e de teologia.

3.2.1 Razões do coração

Em meio ao movimento racionalista impulsionado por Descartes e a publicação de seu método, Pascal se tornou uma voz discordante e reconheceu a importância da razão e sua aplicabilidade nas ciências e na busca pelo conhecimento; contudo, nela também viu limites. Para ele, a razão não pode dominar a moral e a religião, partindo do princípio que o fez ser profundamente conhecido: "O coração tem suas razões, que a razão não conhece" (Pascal, 2001). Em *Espírito geométrico e a arte de persuadir* (1658), distingue o espírito de *finesse*, de sutileza (*l'esprit de géométrie et esprit de finesse*), do espírito de geometria, o qual se caracteriza pelo rigor científico, duro, com "visão" de lentes duras e inflexíveis, ao passo que aquele se caracteriza pela flexibilidade de pensamento, mais intuitivo do que lógico. Para Pascal, os homens são estruturalmente impotentes para tratar com ordem completa qualquer ciência, porque é impossível definir todos os termos empregados e demonstrar todas as proposições adotadas.

Todavia, se é impossível operar com um método científico perfeito e completo, é possível aplicar um método menos convincente, mas não menos certo: o método da geometria, que consiste em não definir verdades evidentes, compreendidas por todos os homens, nem definir outras menos evidentes. De acordo com Reale e Antiseri (2009a, p. 174, grifo do original), o método ideal se realiza pela arte de persuadir e consiste em três partes essenciais, às quais correspondem grupos de regras: "1) **definições** claras de todos os termos de que nos servimos; 2) **axiomas** evidentes postos como fundamento da demonstração; 3) **demonstrações** em que os termos definidos devem sempre ser mentalmente substituídos pelas definições".

Para conhecer a fundo o homem, todavia, não é suficiente apenas o *esprit de géométrie**, que se refere a princípios "tangíveis", enquanto a realidade do homem é um "prodígio" complexo, enigmático e contraditório e as premissas certas dos matemáticos são as que, no fim das contas, não conseguem captar os lados mais ricos e interessantes da realidade e da vida. É preciso, sobretudo, *esprit de finesse***, o espírito intuitivo que não se ensina, mas se experimenta, na capacidade de ver as coisas também com o coração:

> *Conhecemos a verdade não apenas pela razão [raison], mas também pelo coração [cœur]. É desta última maneira que conhecemos os primeiros princípios, e é em vão que o raciocínio [raisonnement], que não toma parte nisso, tenta combatê-los. [...] pois, os conhecimentos dos primeiros princípios: espaço, tempo, movimento, números, são tão firmes quanto qualquer daqueles que os nossos raciocínios nos dão e é somente sobre esses conhecimentos do coração e do instinto [instinct] que é necessário que a razão se apoie e fundamente todo seu discurso. O coração sente que existem três dimensões no espaço e que os números são infinitos, e a razão demonstra depois que não existem dois números quadrados dos quais um seja o dobro do outro. Os princípios se sentem, as proposições se concluem, e tudo com certeza, embora por diferentes caminhos [...].* (Pascal, 1999)

---

*   *Esprit de géométrie* ou *espírito matemático* se refere aos princípios "tangíveis", normalmente distantes do modo comum de pensar, mas que, com esforço e hábito, podem ser alcançados.

** *Esprit de finesse* ou *espírito intuitivo* são princípios tão sutis e numerosos que é quase impossível que nos escapem. É preciso uma mente vigilante e atenta, não obscurecida, para alcançar os domínios e as realidades inatingíveis pelo *esprit de géométrie*.

No bojo de seus argumentos, Pascal reconhecia a independência do conhecimento científico em relação ao conhecimento da fé. Sendo declaradamente uma pessoa de fé, defendia que por ela seria possível manifestar a crença e o sentimento religioso; em contrapartida, pela ciência pode-se mostrar o que se sabe, a lógica do mundo, a natureza expressa em caracteres matemáticos. A credibilidade científica se dá por um saber construído metodicamente, mas nenhum método possibilita conhecer a verdade em sua totalidade. Intitulado como o "filósofo do coração", Pascal lançou a seus contemporâneos o desafio de pensar a si próprio, e não apenas os fenômenos naturais, exteriores à condição humana e à interioridade.

A tarefa primordial do homem seria o autoconhecimento. Nesse caminho, a razão não pode o conduzir até o fim, pois, tecendo uma crítica à exacerbação da razão, esta seria fraca, pequena, com inúmeras possibilidades de se perder na fantasia, na ilusão. Para se conhecer efetivamente, o caminho mais oportuno seria o caminho do coração. E notável foi seu esforço em meio ao domínio da razão para demonstrar a importância do coração como caminho para o conhecimento, que conhece muitas coisas que a razão sempre desconhecerá.

Para discutir

Em meio ao racionalismo, Pascal proclamava os limites da razão. Acreditava que somente pelo coração o homem seria capaz de se conhecer e de se realizar plenamente. Como evitar o perigo da absolutização da razão? Em um contexto marcado pela valorização da emoção e dos sentimentos, como não cair em um sentimentalismo irracional? Como estabelecer um equilíbrio entre a razão e o coração, entre o sentimento e o pensamento?

3.3
Baruch Spinoza e a concepção de Deus como eixo fundamental

Baruch Spinoza (1632-1677) nasceu em Amsterdã, filho de um comerciante bem-sucedido em uma família judia oriunda de Portugal, que emigrou porque estava sendo perseguida. Desde muito cedo, mostrou apreço pelos estudos religiosos e foi considerado um aluno de destaque. Ao estudar em uma instituição particular, não mais na sinagoga, conheceu o latim, começou a se interessar pela relação entre Deus e o Universo e tomou gosto pela filosofia de Francis Bacon (1561-1626), de Thomas Hobbes (1588-1679) e de Descartes. Em 1656, foi excomungado e expulso pela comunidade israelita, condenado pela impiedade de suas ideias e de seu comportamento e, acima de tudo, por se mostrar irredutível em suas opiniões, especialmente em relação à Bíblia, da qual fez uma análise histórica colocando-a como fruto de seu tempo.

Figura 3.3 – Baruch Spinoza

André Müller

Após esse fato, passou a viver de maneira modesta, misturando a lapidação de instrumentos de ótica e a atividade especulativa de pesquisa da verdade. Participou da vida política das Províncias Unidas (Países Baixos), independentes da Espanha desde 1648, em particular na experiência republicana levada a cabo por Johan de Witt (1625-1672), o homem que simbolizou a busca pela independência absoluta até 1672, data de seu assassinato por uma multidão inflamada pelos discursos de calvinistas fanáticos, que Spinoza tachou como *ultimi barbarorum* (os maiores bárbaros) (Cristofolini, 2012).

Suas principais reflexões filosóficas foram recolhidas nas obras *Tractatus theologico-politicus* (1670) e *Ethica, ordine geometrico demonstrata* (1677, publicação póstuma), na qual Spinoza retoma aspectos fundamentais da obra *Os elementos*, de Euclides (tratado matemático e geométrico), dando maior destaque para suas definições, seus axiomas, suas proposições, suas demonstrações e seus escólios (ou elucidações): "As relações que explicam a realidade, com efeito, são a expressão de uma necessidade racional absoluta: posto Deus (ou a substância), tudo 'procede' e só pode proceder rigorosamente como em geometria" (Mondin, 1980, p. 207).

O fundamento de todo o sistema spinoziano é constituído pela nova concepção da "substância": tudo aquilo que é, dizia Aristóteles, é substância ou afecção da substância. Spinoza retoma o mesmo raciocínio quando diz que "Na natureza nada se dá além da substância e de suas afecções" (Reale; Antiseri 2009a, p. 14). No entanto, conforme Reale e Antiseri (2009a, p. 14, grifo do original),

> *enquanto para a metafísica antiga as substâncias são múltiplas e hierarquicamente ordenadas, e para o próprio Descartes existe uma multiplicidade de substâncias, Spinoza prossegue sobre esta linha, dela tirando consequências extremas: existe* **uma só** *substância, originária e autofundada, causa de si mesma (causa sui), que é justamente Deus.*

Sobre a transição proposta por Spinoza, Reale e Antiseri (2009a, p. 14, grifo do original) destacam:

> *As substâncias derivadas de Descartes, a* res cogitans *e a* res extensa *em geral, em Spinoza tornam-se* **dois** *dos* **atributos infinitos** *da substância, enquanto os pensamentos singulares e as coisas singulares extensas e todas as manifestações empíricas tornam-se afecções da substância, tornam-se* **modos**. *Deus é, portanto, um ser absolutamente infinito, uma substância constituída por uma infinidade de atributos, cada um dos quais exprime uma essência eterna e infinita.*

Essa substância-Deus é livre unicamente no sentido de que existe e age por necessidade de sua natureza, e é eterna porque sua essência implica sua existência. Deus é a única substância existente, é causa imanente e, portanto, é inseparável das coisas que dele procedem, é a necessidade absoluta de ser, totalmente impessoal.

3.3.1 *Deus como substância*

Ao refletir sobre Deus pensando como substância, Spinoza argumenta que sua essência se revela de infinitos modos. A grandeza de seus atributos, vistos com isonomia, eternos e imutáveis, expressam a infinitude da substância divina. Ainda que os atributos sejam analisados individualmente, não podem ser pensados fora do seu conjunto como entidades desconexas. Os modos, de natureza finita e infinita, podem ser compreendidos como modificações da substância e a ela profundamente atrelados. Somente a partir da substância é que podemos conceber os seus atributos. No que se refere à questão do finito e do infinito, para o filósofo, do infinito só pode ser gerado o infinito, quanto ao finito, ele não evidencia como do infinito pode brotar algo finito. Aqui se descortina um dos principais entraves relativos ao pensamento spinoziano. Aprofundando um pouco mais tais questões, Reale e Antiseri (2009a, p. 14-15) insistem, ainda, que

> *Deus, é portanto, a substância com seus (infinitos) atributos (aquilo que o intelecto percebe na substância como constitutivo de sua essência). O* **mundo***, ao contrário, é* **dado por todos os modos** *[especificações particulares dos atributos da substância divina], infinitos e finitos. E uma vez que os modos não existem sem os atributos, então tudo é necessariamente determinado pela natureza de Deus, e* **não existe nada de contingente***: o mundo é a "consequência" necessária de Deus. Deus enquanto causa livre é para Spinoza natura naturans, ao passo que o mundo*

é natura naturata, *é o efeito daquela causa e é tal de modo a manter dentro de si a causa. Disso provém o "panteísmo" de Spinoza, para o qual tudo é Deus, isto é, manifestação* **necessária** *de Deus.*

Portanto, Spinoza entende Deus como o suporte que sustenta a realidade como um todo, que se expressa pela racionalidade, move-se por meio de leis imutáveis e mecânicas e tem a capacidade de ser, ao mesmo tempo, a causa de si e de todas as coisas. Para ele, o ser e a essência de Deus estão intrinsecamente ligados ao funcionamento e à organização do mundo – não há um Deus que expressa uma vontade, que impõe atitudes morais, que aponta o que é certo ou errado, mas um Deus ordenador do Universo. Assim, como indica o próprio Spinoza (Espinosa, 1973, p. 387),

Tenho uma concepção de Deus e da natureza totalmente diferente da que costumam ter os cristãos mais recentes, pois afirmo que Deus é a causa imanente, e não externa, de todas as coisas. Eu digo: Tudo está em Deus; tudo vive e se movimenta em Deus. [...] Por ajuda de Deus, entendo a fixa e imutável ordem da natureza, ou a cadeia de eventos naturais. [...] A partir da natureza de Deus, todas as coisas [...] decorrem dessa mesma necessidade, e da mesma maneira, que decorre da natureza de um triângulo, de eternidade a eternidade, que seus três ângulos são iguais a dois ângulos retos.

Ao contrariar a compreensão de Deus mais usual, na visão e na compreensão sacra sobre a divindade, por exemplo, Spinoza advoga em favor do pensamento de que Deus é a única substância que existe. Distanciando-se do pensamento metafísico, postula que Deus é imanente, e não transcendente. A divindade para ele não ocupa os céus, mas a natureza, de quem é o ordenador e compartilha da mesma substância. A compreensão de Spinoza sobre Deus se distancia da compreensão religiosa, pois, para os religiosos, Deus está em outro plano, habita um universo separado, e o mundo é uma criação controlada por ele.

Em outras palavras, o mundo e Deus são duas entidades separadas, unidas por uma forma de dominação do segundo para com o primeiro.

Para pesquisar

A *compreensão de Spinoza* sobre Deus se distancia da compreensão religiosa tradicional: enquanto para o filósofo Deus e a criação compartilham a mesma substância, os religiosos acreditam que há uma separação entre criador e criatura. Em termos de diálogo inter-religioso e científico, quais contribuições o pensamento de Spinoza poderia oferecer? Qual é a diferença entre um Deus imanente e um Deus transcendente? Decorre uma ética ou uma moral do Deus de Spinoza?

3.4
Gottfried Wilhelm Leibniz e *Discurso da metafísica*

Gottfried Wilhelm Leibniz (1646-1716) nasceu na Alemanha, filho de um professor luterano de Filosofia Moral, cuja biblioteca permitiu o desenvolvimento de seu grande leque de conhecimentos. Estimulado pela influência paterna desde cedo, demonstrava genialidade e uma enorme capacidade de aprendizagem e de assimilação, estando sempre muito à frente das turmas em termos de inteligência e de cultura nas escolas pelas

Figura 3.4 – Gottfried Wilhelm Leibniz

quais passou. Cursou Filosofia, Matemática, Álgebra e Jurisprudência, doutorando-se em Direito.

Mesmo com inúmeras habilidades para a vida acadêmica e o universo da pesquisa, Leibniz sentiu que o ambiente era muito estreito para satisfazer suas exigências. Sonhava com um papel cultural em nível europeu, chegando a aspirar a criação de uma ciência universal que abarcasse várias disciplinas e até com uma organização cultural e política universal. É sob essa ótica que devemos ver a inquieta vida do filósofo, que por onde passava criava associações compostas por homens cultos para pensar e alinhavar projetos culturais, artísticos e políticos de vários gêneros, em grande parte quase impossíveis de serem realizados por serem demasiadamente ideais.

Em meio a tantos encargos, distribuídos entre cortes, academias, círculos culturais e viagens, o conjunto do pensamento de Leibniz emergiu sobretudo nos seguintes escritos: *Discurso de metafísica* (1686), *Novo sistema da natureza* (1695), *Princípios racionais da natureza e da graça* e *Monadologia* (1720). Além disso, são muito importantes as numerosas *Epístolas*, na época consideradas um verdadeiro gênero literário (Reale; Antiseri, 2009a). No início de sua produção intelectual, teve contato com as novas proposições do pensamento moderno. Entre os pesquisadores desse período, aprofundou-se nas análises realizadas por Bacon e Descartes. A questão da extensão e do movimento provocava grandes debates. Perguntavam-se se elas poderiam ser consideradas causas suficientes para se explicar as coisas. Marcando a sua posição, Leibniz defendeu a imutabilidade, demonstrando uma possível conciliação entre as diferentes formas de pensar. O ponto de equilíbrio estaria na rigorosa distinção entre âmbito filosófico (questionamento sobre princípios mais universais) e âmbito científico (a natureza em seu caráter matematizável).

Leibniz passou a pensar que se tratavam apenas de prismas diferentes que não entravam necessariamente em rota de colisão quando compreendidos em seu sentido próprio, possibilitando até mesmo uma integração. Nessa perspectiva, Reale e Antiseri (2009a, p. 41) enfatizam:

> Toda a filosofia de Leibniz brota dessa grandiosa tentativa de "mediação" e "síntese" entre antigo e novo, tomada particularmente eficaz pelo duplo conhecimento que ele possuía: de um lado, os filósofos veteromedievais (Leibniz estudou não apenas os escolásticos, mas também Aristóteles e Platão); do outro, o cartesianismo e os métodos da nova ciência (também ele era cientista de grande valor). Nessa tentativa de reconsiderar os antigos à luz dos modernos e fundir suas diferentes instâncias reside a sua grandeza histórica e teórica de Leibniz.

Como parte fundamental desse pensamento, além da extensão e do movimento, há algo que é de natureza não física, metafísica: a substância, entendida como força originária, indicada por ele como entelequia e, sobretudo, como mônada. Dessas premissas, conforme Reale e Antiseri (2009a, p. 42, grifo do original), nascem importantes consequências:

1. o *"espaço"* e o *"tempo" são apenas **fenômenos, modos com os quais a realidade aparece a nós**, e não duas entidades ou duas propriedades ontológicas das coisas;*
2. *o mundo em seu conjunto é uma "grande máquina" que, mediante "leis convenientes", atua uma "finalidade" querida por Deus com a "escolha do melhor", razão pela qual o mecanismo é simplesmente o modo pelo qual se realiza o **"finalismo" superior**.*

Como parte fundamental da teoria, veremos como Leibniz introduziu no pensamento filosófico o conceito de mônada e quais foram seus desdobramentos para a corrente racionalista.

3.4.1 Mônadas

O conceito de mônada deriva da palavra grega *monás* e significa "unidade", "aquilo que é uno". Designa as substâncias simples, capazes de ações como representações e vontades, as quais, dada a sua complexidade e amplitude, podem ser comparadas ao conceito de átomo presente no pensamento de Demócrito. Para Leibniz (1974, p. 63):

1. A Mônada [...] é apenas uma substância simples que entra nos compostos. Simples, quer dizer: sem partes. 2. Visto que há compostos, é necessário que haja substâncias simples, pois o composto é apenas a reunião ou aggregatum *dos simples. 3. Ora, onde há partes, não há extensão, nem figura, nem divisibilidade possíveis, e, assim, as Mônadas são os verdadeiros Átomos da Natureza, e, em uma palavra, os Elementos das coisas. 4. Delas também não há a temer qualquer dissolução: é inconcebível que uma substância simples possa perecer naturalmente. 5. Pela mesma razão, é inconcebível que uma substância simples possa começar naturalmente, pois não poderia formar-se por composição. 6. Assim, pode dizer-se que as Mônadas só podem começar ou acabar instantaneamente ou, por outras palavras, só lhes é possível começar por criação e acabar por aniquilamento, ao passo que todo o composto começa e acaba por partes.*

Uma mônada traz em si a própria perfeição essencial. Deus pode ser pensado como a mônada originária de todas as demais. Há uma diferenciação entre as mônadas conforme o seu grau de clareza e consciência. Tudo o que existe pode ser pensado como uma simples mônada ou como um conjunto complexo formado por elas. Em cada uma das mônadas há representação e a essência de todas elas. Em cada instante está presente a totalidade dos acontecimentos, ou seja, existe uma profunda comunhão entre o passado, o presente e o futuro. Entre as mônadas há uma hierarquia e uma profunda harmonia que Leibniz atribui a Deus. Para ele, entre as coisas e substâncias existentes, Deus é "autor de tudo, não só como Arquiteto e causa eficiente do nosso ser, mas também como nosso Senhor e causa final, que deve constituir todo o objeto do nosso querer e é única fonte da nossa felicidade" (Leibniz, 1974, p. 73).

Para conversar

> *Em muitos setores* da sociedade, atualmente a felicidade está vinculada ao consumo e à satisfação de desejos. Qual é o significado da felicidade para Leibniz? O que a filosofia diz sobre a felicidade? Ela pode ser alcançada? Como?

3.5
Georg Wilhelm Friedrich Hegel e o conceito de dialética

Georg Wilhelm Friedrich Hegel (1770-1831) nasceu na Alemanha, onde realizou seus primeiros estudos. Em 1788, ingressou na Universidade de Tubinga, onde cursou Filosofia e Teologia, convivendo com Friedrich Hölderlin (1770-1843) e Friedrich Wilhelm Joseph von Schelling (1775-1854), atentos ao desenvolvimento da Revolução Francesa. Ao concluir os estudos, atuou na educação de jovens em Berna (1793-1796) e em Frankfurt (1797-1799). Em posse da herança paterna, teve a oportunidade de se dedicar exclusivamente aos estudos. Em 1801, mudou-se para Jena, importante centro cultural e acadêmico da época, tendo a oportunidade de atuar como

Figura 3.5 – Georg Wilhelm Friedrich Hegel

professor livre-docente e depois como extraordinário. Tendo Johann Gottlieb Fichte (1762-1814) e Schelling como seus interlocutores, publicou a obra intitulada *Diferença entre o sistema filosófico de Fichte e o de Schelling*, tomando as posições do segundo.

De acordo com Reale e Antiseri (2007, p. 95), em companhia de Schelling, Hegel

> publicou de 1802 a 1803 o "Jornal crítico da filosofia", onde compareceram importantes ensaios dele. Em Jena amadureceu sua primeira grande obra, a Fenomenologia do espírito, terminada em 1806 e publicada no ano seguinte. Em dificuldades econômicas por causa da guerra, transferiu-se primeiro para Bamberg, para dirigir sua "Gazeta" local, depois para Nuremberg, onde foi diretor do ginásio até 1816. Aí publicou a Ciência da lógica, sua obra mais complexa. De 1816 a 1818 esteve na Universidade de Heidelberg, onde publicou a Enciclopédia das ciências filosóficas em compêndio. Em 1818 passou para Berlin, onde permaneceu até 1931, ano de sua morte. Foi este o período de maior sucesso; aí viram a luz as Linhas de filosofia do direito (1821), este foi considerado um período de maior sucesso, mas foi intensa a atividade para preparar seus cursos (da história à estética, da religião à história da filosofia), publicados postumamente pelos discípulos.

Ao escrever *Fenomenologia do espírito* (1807), houve profundo crescimento e amadurecimento pessoal, verificados também em sua filosofia. A obra marcou a ruptura definitiva com Schelling e inaugurou a fase madura do pensamento hegeliano. Num contributo à discussão sobre o conhecimento, Hegel (1992, p. 12, grifo do original) indica que:

> O ponto de partida da **Fenomenologia** é dado pela forma mais elementar que pode assumir o problema da inadequação da certeza do sujeito cognoscente e da verdade do objeto conhecido. Esse problema surge da própria **situação** do sujeito cognoscente enquanto **sujeito consciente**. Ou seja, surge do fato de que a **certeza** do sujeito de possuir a verdade do objeto é, por sua vez, **objeto** de uma experiência

na qual o sujeito aparece a si mesmo como instaurador e portador da verdade do objeto. O lugar da verdade do objeto passa a ser o discurso do sujeito que é também o lugar do automanifestar-se ou do autorreconhecer-se – da **experiência**, em suma – do próprio sujeito.

De acordo com Bréhier (1977), com essa obra nasceu o pensamento filosófico no homem. Como este é a consumação do conhecimento, Hegel (citado por Bréhier, 1977, p. 149) declara:

> A Fenomenologia descreve um duplo movimento basculante: aquele pelo qual o sujeito, ao buscar a certeza num objeto exterior, encontra-a, finalmente, em si mesmo, e aquele pelo qual o sujeito, para afirmar-se, opondo-se primeiro aos outros sujeitos que destruiu ou submeteu, se reconcilia com eles no Espírito; em suma, a história das digressões do Espírito fora de si mesmo, antes de se reconhecer como tal. Trata-se de saber com que o espírito deve "arcar" (segundo a enérgica expressão de Hegel), na certeza que tem dos objetos do conhecimento. Nada surge de princípio, se partimos da certeza sensível, "cujo conteúdo concreto a revela como o mais rico dos conhecimentos [...]".

A obra se tornou um marco profundo na história da filosofia moderna e contemporânea e possibilitou uma introdução ao sistema especulativo de Hegel e à grandeza de seu pensamento. Nela, o tema da consciência é profundamente abordado, despontando em sua filosofia como um ponto profundo no diálogo com pensadores contemporâneos. Sobre tal conceito, o filósofo alemão descreve:

> A consciência na vida cotidiana tem, em geral, por seu conteúdo, conhecimentos, experiências, sensações de coisas concretas, e também pensamentos, princípios – o que vale para ela como um dado ou então como ser ou essência fixos e estáveis. A consciência, em parte, discorre por esse conteúdo; em parte, interrompe seu [dis]curso, comportando-se como um manipular do mesmo conteúdo, desde fora. Reconduz o conteúdo a algo que parece certo, embora seja só a impressão do momento; e a convicção fica satisfeita quando atinge um ponto de repouso já conhecido. (Hegel, 1992, p. 47)

A magnitude de suas contribuições foi verificada também nas seguintes obras: *A ciência da lógica* (1812-1816), *Enciclopédia das ciências filosóficas em compêndio* (1817) e *Linhas de filosofia do direito* (1821). O compêndio de seus escritos se mostra fundamental para compreender suas teorias, bem como sua personalidade forte e bem marcada. Para Aranha e Martins (2003, p. 254, grifo do original):

> A Fenomenologia, *embora com seus aparentes limites, é a obra por certos aspectos mais viva e fascinante, mas a posição histórico-teórica de Hegel emerge provavelmente com maior clareza e totalidade na Grande Enciclopédia, em três volumes, cujas integrações dos cursos de aulas são extraordinariamente ricas em análises e interpretações que merecem continuamente serem estudadas a fundo.*

Tomando como referência o olhar de Reale e Antiseri (2007, p. 99, grifo do original), os núcleos conceituais a que todo o sistema hegeliano pode ser referido, seguindo em concreto seu desenvolvimento até sua plena realização, são três:

> 1) *a realidade enquanto tal é* **espírito infinito**; 2) *a estrutura e a própria vida do espírito e, portanto, também o procedimento com o qual se desenvolve o saber filosófico, é a* **dialética**; 3) *a peculiaridade desta dialética, bem diferente de todas as formas precedentes de dialética, é o* **elemento "especulativo"**. *Um ponto de vista fundamental do pensamento hegeliano é o de entender a verdade não como substância fixa e imutável, mas como sujeito, como espírito, isto é, como atividade, processo, automovimento.*

No pensamento hegeliano, o espírito traz em si a capacidade de se autogerar e no mesmo instante gerar a própria determinação, superando-a totalmente. Ao atuar e se realizar de modo infinito, o espírito também é compreendido de modo infinito, ao passo que coloca e ao mesmo tempo supera o finito:

ele remete aqui à dialética clássica, conferindo porém movimento e dinamicidade às essências e aos conceitos universais que, já descobertos pelos antigos, haviam, contudo, permanecido com eles em uma espécie de repouso rígido, quase solidificados. O coração da dialética torna-se assim o **movimento**, *e precisamente* **movimento circular** *ou* **em espiral**, *com* **ritmo triádico**. (Reale; Antiseri, 2007, p. 100, grifo do original)

O espírito infinito para Hegel é como uma espiral, na qual princípio e fim se encontram de maneira dinâmica, como um movimento circular, enquanto o particular é sempre colocado e dinamicamente resolvido no universal.

3.5.1 Movimento dialético

No pensamento hegeliano, o único método que pode dar segurança ao conhecimento científico do absoluto é o dialético, que possibilita à filosofia se tornar ciência. De acordo com Hegel, é a partir da dialética que a verdade alcança a forma rigorosa do sistema de cientificidade.

De acordo com Reale e Antiseri (2007, p. 100), há três momentos do movimento dialético:

1. *A* **tese**, *que constitui o momento abstrato ou intelectivo; o intelecto é a faculdade que abstrai conceitos determinados e se detém nessa determinação própria do finito, considerando erroneamente que as separações e definições assim obtidas sejam definitivas.*
2. *A* **antítese**, *que constitui o* **momento dialético** *(em sentido estrito) ou* **negativamente racional**; *o primeiro passo* **além dos limites do intelecto** *é realizado* **negativamente** *pela razão, removendo a rigidez dos produtos intelectivos e levando à luz* **a série de contradições e de oposições** *que caracterizam o finito: porém, uma vez que todo membro de uma oposição é afetado por "carência", esta última é a mola que impele a razão a uma síntese superior.*

3. **A síntese, que constitui o momento especulativo ou positivamente racional;** aqui a razão capta a **unidade das determinações contrapostas,** ou seja, capta dentro de si o **positivo** emergente da **síntese dos opostos** e se mostra ela própria como **totalidade concreta**.

A construção da dialética de Hegel se funda no movimento de uma realidade que, para Bréhier (1977), primeiramente é proposta em si (*an sich* – tese), constrói-se então fora de si e para si em sua manifestação ou em seu verbo (antítese), para retornar em seguida a si (*in sich*) e aí permanecer (*bei sich*) como ser desenvolvido e manifesto. Sobre esse argumento, insiste ainda o historiador da filosofia moderna:

> O conjunto da filosofia é a exposição de uma vasta tríade, Ser, Natureza, Espírito; o ser designa o conjunto dos caracteres lógicos e pensáveis que tem em si toda realidade; a Natureza é a manifestação do real nos seres físicos e orgânicos; o Espírito é a interiorização dessa realidade. Mas, em cada um dos termos dessa vasta tríade, reproduz-se o ritmo triádico. (Bréhier, 1977, p. 155)

O terceiro momento da dialética hegeliana, o momento especulativo, fundamental para adentrar a grandeza de seu pensamento e de suas descobertas, consiste no conhecimento dos opostos em sua unidade. De acordo com Reale e Antiseri (2007, p. 100), "é a reafirmação do positivo que se realiza mediante a negação do negativo próprio das antíteses dialéticas e, portanto, é uma elevação do positivo das teses a um nível mais alto". Os autores ainda destacam:

> O especulativo é, portanto, o vértice ao qual chega a razão, a **dimensão do absoluto**. Por conseguinte, as proposições filosóficas devem ser **proposições especulativas,** que exprimem o movimento dialético com o qual sujeito e predicado trocam entre si as partes de modo a constituir uma identidade dinâmica. Enquanto a proposição da velha lógica **permanece fechada nos limites rígidos do intelecto,** a proposição

especulativa é estruturalmente dinâmica como a realidade que ela exprime e como o pensamento que a formula. (Reale; Antiseri, 2007, p. 100, grifo do original)

Em síntese, os esforços de Hegel em compreender a grandeza do espírito humano, a capacidade do sujeito em conhecer o mundo que o cerca, bem como a explicitação de seu método dialético, em vista de um conhecimento científico e absoluto, marcaram profundamente a história da filosofia moderna e contemporânea. Abordando em sua filosofia temas como história, fenomenologia, natureza e política, revisitou questões importantes herdadas do racionalismo e do empirismo que careciam de novas contribuições, novos posicionamentos e novas interpelações, especialmente na esfera do conhecimento.

O pensamento de Hegel foi tão importante que, com base em suas proposições, inúmeros filósofos, políticos e historiadores construíram e defenderam teorias e formas de governo e de organização social. Entre estes, ocupam um lugar de destaque Karl Marx (1818-1883) e seu materialismo histórico, assim como a crítica de Auguste Comte (1798-1857) e dos positivistas ao idealismo e ao racionalismo, acreditando que somente o primado da experiência sensível seria capaz de produzir dados concretos e científicos, "positivos" em sua perspectiva.

Para debater

Hegel afirmava a necessidade de pensar a filosofia em simultâneo com outras áreas do conhecimento em vista de maior edificação do espírito do mundo. Em grupo, debata até que ponto é possível e se existe efetivamente a aproximação entre a filosofia e as demais áreas do conhecimento. Quais contribuições a filosofia pode ao mesmo tempo oferecer e receber? Como ela poderia ser uma "ponte" entre os saberes?

Síntese

Uma das principais preocupações filosóficas do período medieval era compreender o ser das coisas, captar a essência do mundo, reconhecer em Deus o princípio e o fim de tudo. Nesse contexto, as verdades e os saberes já estavam preestabelecidos e ao homem cabia apenas aceitá-los. Com o florescimento da modernidade e suas transformações, houve uma profunda mudança no papel e no uso da razão. Vinculada durante muitos séculos à fé, a razão encontrou sua autonomia, a capacidade de pensar a si própria e de levar o homem a encontrar a gênese do conhecimento e as maneiras de apreendê-lo. Pela força da razão, a história da filosofia nunca mais foi a mesma; por ela, o ser humano se descobriu como sujeito do conhecimento, e o que não passasse por seu crivo deveria ser refutado.

Com o método cartesiano da dúvida metódica, os racionalistas buscaram compreender, com base na razão, como se dava o conhecimento e o que de fato poderia ser conhecido. Descartes inaugurou uma corrente de pensamento que revolucionou a história da filosofia, criando uma enorme gama de discípulos, mas também de pensadores que propuseram uma revisão de suas proposições. Além do "pai da dúvida", neste capítulo tivemos a oportunidade de pensar os limites da razão puramente matemática por meio de uma filosofia que brota da razão do coração proposta por Pascal; verificamos os pressupostos da compreensão de Spinoza sobre Deus e sua conclusão de que este tem a mesma substância de tudo o que existe, rompendo com a lógica da criação; em Leibniz, vimos que a substância foi pensada pelo conceito de "mônada", de átomo da natureza, presente em tudo e em todos; por fim, chegamos ao conceito hegeliano de dialética, entendido metodologicamente mediante três grandes momentos: tese, antítese e síntese, ilustradas pelo movimento espiral, sinal da dinamicidade do conhecimento, da história e da própria razão humana.

Das preocupações e das questões epistemológicas, metodológicas, fenomenológicas e históricas, o racionalismo entrou na história como um período de profunda valorização do espírito humano e de sua capacidade de apreender o mundo pelo uso da razão.

Indicações culturais

Filmes

CARTESIUS. Direção: Roberto Rossellini. Itália/França, 1974. 162 min.

O racionalismo é uma das principais correntes filosóficas que identifica e marca profundamente a modernidade. A renomada obra cinematográfica apresenta os principais conceitos do pensamento de Descartes, para quem o conhecimento se dá apenas pela via da razão e somente por ela pode ser explicado.

ESPINOSA: apóstolo da razão (Spinoza: Apostle of Reason). Direção: Christopher Spencer. Brasil, 1994. 51 min.

O filme é uma produção da TV Escola e faz um apanhado geral sobre a vida e a obra de Spinoza, um dos grandes pensadores da filosofia racionalista. Em sua trajetória, o filósofo se debruçou sobre temas como natureza humana, natureza divina, questões políticas e formas de governo, a relação e o cuidado dos afetos. Considerado maldito por muitos por causa de suas ideias e interpretações sobre Deus, a Bíblia e as religiões, ficou esquecido durante muito tempo.

SOCIEDADE dos poetas mortos. Direção: Peter Weir. EUA: Touchstone Pictures. 1989. 128 min.

Depois de ser um aluno brilhante, John Keating volta em 1959 como novo professor em uma escola preparatória tradicionalista. Em um ambiente fechado a novidades, aos poucos se torna uma figura polêmica e mal vista, pois desperta nos alunos a paixão pela poesia e pela arte e a reflexão crítica e racional sobre as convenções e os parâmetros sociais. O clima se torna ainda mais tenso quando os pais dos alunos também se colocam contra os novos ideais e ideias lançadas pelo professor pensador.

Livro

DESCARTES, R. **Discurso do método**. Tradução de Maria Ermantina Galvão. 2. ed. São Paulo: M. Fontes, 2001.

René Descartes é considerado por muitos pensadores como o pai da filosofia moderna. Colocando em xeque todo o conhecimento herdado por seus mestres, com o método da dúvida filosófica se distanciou da filosofia escolástica buscando bases mais concretas para estruturar o conhecimento. Como uma verdadeira joia para a filosofia moderna, o método cartesiano estabelece um itinerário filosófico e epistemológico para aqueles que desejam escapar das armadilhas dos sentidos e das sensações que podem induzir ao erro e ao engano.

Atividades de autoavaliação

1. A palavra *razão* na história da filosofia significa a capacidade de pensar e de falar de modo ordenado, com medida, proporção, clareza e de maneira compreensível para os outros. Sobre o que vai ao encontro da origem da palavra *razão*, considere as seguintes assertivas:

    I) A razão se opõe ao conhecimento ilusório, isto é, ao conhecimento da mera aparência das coisas, que não alcança a realidade ou a verdade delas.

II) A razão se baseia nas ilusões, de onde provém nossos costumes, nossos preconceitos e a aceitação imediata das coisas tais como aparecem e como parecem ser.

III) A razão se opõe à mera opinião, mas leva em consideração a opinião dos outros.

Assinale a alternativa que apresenta a resposta correta:

a) Apenas as assertivas I e III são verdadeiras.
b) Apenas a assertiva III é verdadeira.
c) Todas as assertivas são verdadeiras.
d) Apenas a assertiva I é verdadeira.

2. Leia atentamente o texto:

É o caráter radical que se procura que exige a radicalização do próprio processo de busca. Para que haja a passagem da representação subjetiva à existência exterior, é preciso uma garantia de total objetividade. Essa garantia só pode ser dada por uma **representação indubitável***. E o processo posto em prática para encontrar tal representação será a extensão da dúvida a todas as representações, inclusive as matemáticas.* (Silva, 2005, p. 34, grifo do original)

De acordo com o pensamento cartesiano, em vista da viabilização da reconstrução radical do conhecimento, deve-se:

a) adotar uma postura de questionamento ampla e profunda das antigas ideias e concepções.
b) dar voz à fé e a seus preceitos na busca do conhecimento.
c) se apoiar em ideias e em argumentos que dispensam ser questionamentos.
d) buscar na experiência, e não na razão, uma maneira consistente de conhecimento.

3. Em sua obra *Pensamentos*, Pascal (1999, Art. XXII, I) diz que "todos os homens procuram ser felizes; isto não tem exceção. É esse motivo de todas as ações de todos os homens, inclusive dos que vão se enforcar". De modo contrário aos que pensam que a filosofia não tem nada que a aproxime da sensibilidade e dos sentimentos, Pascal afirma qual princípio filosófico?
    a) O saber filosófico é independente da felicidade sensível.
    b) A sabedoria é compreendida como caminho para uma vida feliz.
    c) Ser feliz não é um desejo de todos, como a sabedoria.
    d) A felicidade é independente da sabedoria.

4. Ao pensarmos o processo de construção do conhecimento humano tomado por grande parte dos filósofos, podemos dizer que ele é constituído pelos seguintes elementos fundamentais:
    a) Ser humano inteligente e capacidade de entender o mundo a sua volta.
    b) Sujeito inteligente e realidade sensível como objeto de conhecimento.
    c) Disposição pessoal e boas intuições do contexto geral.
    d) Sujeito que conhece e objeto que pode ser conhecido.

5. A intuição é entendida como o conhecimento imediato que podemos ter sobre as coisas. No famoso pensamento de Descartes – "Penso, logo existo" –, qual é a modalidade de intuição que dele se apresenta?
    a) Sensível: eu sinto que existo.
    b) Criativa: o pensamento é força criadora.
    c) Intelectual: pensar é um exercício da razão.
    d) Emocional: pensar é uma atividade prazerosa.

Atividades de aprendizagem

Questões para reflexão

1. Descartes inaugurou um novo tempo para a filosofia na modernidade com base no conceito de dúvida metódica. Destaque os principais motivos que o levaram a formular essa nova compreensão sobre o modo como chegamos ao conhecimento.

2. O método cartesiano é reconhecido como uma das principais contribuições para o pensamento moderno. Quais passos o método da dúvida estabelece para se saber se um conhecimento é digno de confiança ou não?

3. No *Discurso sobre a metafísica*, Descartes enumera quatro regras fundamentais a respeito da busca do conhecimento verdadeiro. Enumere-as e descreva suas principais características.

4. Em meio aos racionalistas, Pascal se tornou uma voz dissonante; ao mesmo tempo em que reconheceu a importância da razão para as ciências, apontou seus limites. Partindo de uma de suas mais belas frases, "O coração tem razões que a própria razão desconhece", como podemos entender a originalidade de seu pensamento?

5. Spinoza iniciou seus estudos filosóficos em meio ao universo religioso judaico, mas, ao expor seu pensamento sobre Deus e as escrituras, acabou expulso e excomungado. Quais são as diferenças básicas entre a compreensão de Deus para Spinoza e para o pensamento religioso tradicional?

6. De acordo com o pensamento de Leibniz, o que é uma *mônada*?

7. Ao longo da história da filosofia, Hegel se tornou um dos pensadores mais respeitados e reconhecidos; seu método dialético influenciou vários pensadores e diversas correntes filosóficas. Descreva cada um dos três momentos de seu método, destacando suas especificidades.

Atividade aplicada: prática

1. Desde os primórdios da filosofia existiu uma tensão entre fé e razão. O conflito se instaurou à medida em que o pensamento filosófico buscou levar ao esquecimento as crenças cegas da existência dos deuses como criadores de todas as coisas. Durante a Idade Média, por conta do domínio religioso, a razão era vista como servidora da fé. Com o advento da modernidade, a razão ocupou novamente um novo papel de destaque e a fé passou a ser compreendida como um sinônimo de retrocesso ou de apequenamento do ser humano. Mesmo existindo tentativas de aproximação entre as duas categorias do conhecimento, fé e razão seguem caminhos diferentes. Partindo dessa reflexão, elabore um esquema com as principais características e os pontos positivos e negativos no uso da fé e da razão ao longo da história.

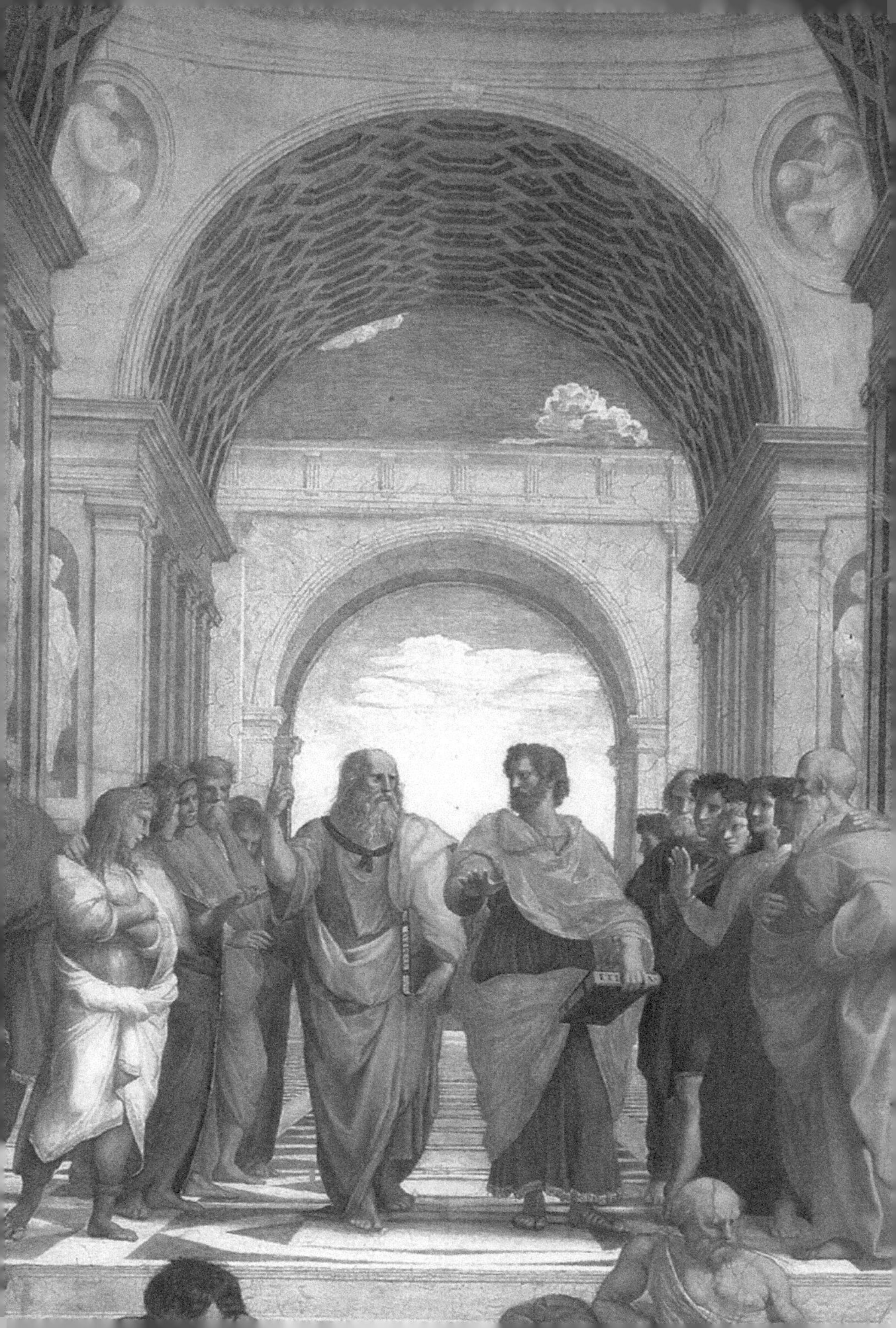

4 Empirismo

"De onde aprende todos os materiais da razão e do conhecimento? A isso respondo, numa palavra, da experiência". (Locke)

N*a história do pensamento moderno, do ponto de partida para a reflexão filosófica houve um deslocamento do problema do ser para o problema do conhecer. Enquanto os pensadores do continente, especialmente René Descartes (1596-1650), Baruch Spinoza (1632-1677) e Gottfried Wilhelm Leibniz (1646-1716), encararam-no fundamentados no modelo das ciências exatas (matemática e geometria), e isso os conduziu a desenvolver uma concepção racionalista do conhecimento e da realidade, os filósofos ingleses viveram em um ambiente cultural bem diferente, já que em seu país floresceram as ciências experimentais: botânica, química, astronomia, mecânica etc. Por isso, de maneira natural, sua preocupação se voltou para a pesquisa de uma teoria do conhecimento e de um método de investigação que correspondessem às exigências de tais ciências, ou seja, a experiência.*

Com esse olhar sobre a pesquisa e a busca do conhecimento, as ciências experimentais partiram da constatação de eventos particulares, da experiência de certos fatos concretos, não de ideias abstratas ou de princípios universais. Seu objetivo era a superação dos fatos, com a descoberta de relações constantes e estáveis, de modo a tornar possível a antecipação de ulteriores experiências. Para Mondin (1980, p. 169), a

problemática epistemológica da filosofia inglesa consistiu essencialmente nisto: como é possível, partindo da experiência sensível, chegar-se a leis universais? Mas é exatamente a tese de que todo conhecimento procede da experiência (empirismo) que os levou a concluir que também as ideias abstratas e as leis científicas conservam a mesma incerteza, instabilidade e particularidade do conhecimento sensível.

Para os filósofos empiristas, a mente humana não aferrava nada de universal e de necessário. Assim, a metafísica se tornou impossível: nada se pode saber a respeito da existência e da natureza de Deus, sobre a origem e o fim vida humana, sobre a essência das coisas materiais; nem no campo moral ocorriam normas absolutas: bom ou mau é aquilo que a sociedade aprova ou desaprova.

Veremos, então, como Locke, Berkeley, Hume, Hobbes e Mill abordaram tais questões e quais foram suas contribuições para a história do pensamento moderno, de modo especial para a corrente empirista.

4.1
John Locke e Ensaio sobre o entendimento humano

Para tratar da teoria do conhecimento, John Locke (1632-1704) retomou o programa de Francis Bacon* (1561-1626) para introduzir melhor uso do intelecto em âmbito científico e o aperfeiçoou, concentrando-se no próprio intelecto, em suas capacidades, suas funções e seus limites:

> O entendimento, como o olho, que nos faz ver e perceber todas as outras coisas, não se observa a si mesmo; requer arte e esforço situá-lo a distância e fazê-lo seu próprio objeto. Quaisquer que sejam as dificuldades que estejam no caminho desta investigação, por mais que permaneçamos na escuridão sobre nós mesmos, estou seguro que toda a luz que possamos lançar sobre nossas mentes, todo conhecimento que possamos adquirir de nosso entendimento, não será apenas muito agradável, mas nos trará grande vantagem ao orientar nossos pensamentos na busca de outras coisas. (Locke, 1973, p. 145)

Figura 4.1 – John Locke

Vivendo em uma época em que todo conhecimento foi colocado à prova, Locke não mediu esforços para descobrir a origem e o valor do conhecimento humano. Em meio à grande batalha entre racionalistas e empiristas, o filósofo inglês decidiu estudar a fundo os possíveis limites

---

* Bacon foi um grande filósofo e político inglês, considerado um dos fundadores do método indutivo de investigação científica, baseado no empirismo. Seus estudos contribuíram para a história da ciência moderna e por seus grandes feitos é reconhecido como *pai do método experimental*.

do intelecto. Seu trabalho ficou eternizado em sua obra Ensaio sobre o *entendimento humano*, em que abordou profundamente a importância da experiência para a produção do conhecimento, distanciando-se do racionalismo cartesiano. Para o empirismo de Locke, a mente só pode receber conteúdos por meio da experiência. Segundo sua compreensão, a mente humana é como um papel em branco, no qual os conteúdos vão sendo escritos conforme nossas vivências cotidianas. Portanto, não existe, para Locke, ideias e conceitos inatos.

A experiência para Locke "indica propriamente a observação tanto dos objetos externos sensíveis, como das operações internas de nosso espírito que percebemos e sobre as quais refletimos"; ela é "tudo aquilo que fornece a nosso intelecto todos os matérias do pensar" (Reale; Antiseri, 2009a, p. 96). Tanto a experiência compreendida por Locke como externa quanto a interna são para o pensador inglês "fontes do conhecimento, das quais emergem todas as ideias que temos ou podemos ter" (Reale; Antiseri, 2009a, p. 96).

4.1.1 *Entendimento humano*

Publicada em 1690, *Ensaio sobre o entendimento humano* propõe profunda reflexão sobre a origem das ideias e dos conhecimentos humanos. Começa com uma crítica da teoria das ideias inatas que o pensamento cartesiano tinha formulado, levando-a a um estado de perfeição dificilmente ultrapassável (livro I). Para Locke, romper com a proposta racionalista do inatismo não trazia danos para o valor objetivo das ideias, pois, para ele, não existiam ideias inatas no espírito humano. Para ilustrar essa forma de pensar, comparava o ser humano a uma folha de papel em branco.

Distinguindo as ideias entre simples e complexas e as qualidades entre primárias e secundárias, Locke defendia que todo conhecimento era produzido pela experiência, fruto de sensações e da percepção dos objetos; e que tão somente pela experiência seria possível garantir a objetividade do conhecimento. Assim, aquilo que não passa pelo domínio da experiência não pode ser considerado um conhecimento legítimo, como os conceitos metafísicos e teológicos, que, segundo o filósofo, são desqualificados porque vão além, escapam dos sentidos e da experiência humana, não podendo ser captados. Portanto, só pode ser conhecido aquilo que os sentidos podem apreender.

Locke abordou questões relacionadas ao inatismo, a regras e a valores morais e, de modo especial, à verdadeira maneira de se obter conhecimento:

> 4. *Como as regras morais necessitam de prova, elas não são inatas.*
> *Outra razão que me leva a duvidar de quaisquer princípios práticos inatos decorre do fato de pensar que* **nenhuma regra moral pode ser proposta sem que uma pessoa deva justamente indagar a sua razão:** *o que seria perfeitamente ridículo e absurdo se ela fosse inata, ou sequer evidente por si mesma, coisa que todo princípio inato deve necessariamente ser, sem precisar de qualquer prova para apurar sua verdade, nem necessitar de qualquer razão para obter sua aprovação. Seria julgado desprovido de bom senso quem perguntasse ou começasse a dar a razão por que "é impossível para a mesma coisa ser e não ser". Ela traz consigo sua própria luz e evidência, e não necessita de outra prova: quem entende os termos aquiesce com isto por seus próprios méritos; ao contrário, nada jamais seria capaz de se impor sobre ele para fazê-lo entender. Mas deveria esta imperecível regra da moralidade e fundamento de toda virtude social, "que alguém deve fazer como lhe foi feito", ser proposta a alguém que nunca ouviu isto antes, mas ainda tem capacidade para, entender seu significado, não deve ele sem nenhum absurdo perguntar a razão por quê?* (Locke, 1979, p. 46, Livro I, cap. II, grifo do original)

Tendo como objetivo analisar a origem do conhecimento e de sua extensão, com base em suas intuições, a questão que se coloca é: Como pensamos com ideias?:

> 1. **Ideia é o objeto do pensamento**. *Todo homem tem consciência de que pensa, e que quando está pensando sua mente se ocupa de ideias. Por conseguinte, é indubitável que as mentes humanas têm várias ideias, expressas, entre outros, pelos termos brancura, dureza, doçura, pensamento, movimento, homem, elefante, exército, embriaguez. Disso decorre a primeira questão a ser investigada: como elas são apreendidas?* (Locke, 1979, p. 57, Livro II, cap. I, grifo do original)

Outras questões: De onde vem as ideias? Qual é a sua origem, se não são inatas?

> 2. **Todas as ideias derivam da sensação ou reflexão**. *Suponhamos, pois, que a mente é, como dissemos, um papel em branco, desprovida de todos os caracteres, sem nenhuma ideia; como ela será suprida? De onde lhe provém este vasto estoque, que a ativa e ilimitada fantasia do homem pintou nela com uma variedade quase infinita? De onde apreende todos os materiais da razão e do conhecimento? A isso respondo, numa palavra: da experiência. Todo o nosso conhecimento está nela fundado, e dela deriva fundamentalmente o próprio conhecimento.* (Locke, 1979, p. 57, Livro II, cap. I, grifo do original)

E por fim: As ideias têm origem em dois princípios – a experiência e a reflexão:

> 5. **Todas as nossas ideias derivam de uma ou de outra fonte**. *Parece-me que o entendimento não tem o menor vislumbre de uma ideia se não a receber de uma das duas fontes. Os **objetos externos** suprem a mente com as ideias das qualidades sensíveis, que são todas as diferentes percepções produzidas em nós, e a mente supre o entendimento com ideias através de suas próprias operações.* (Locke, 1979, p. 58, Livro II, cap. I, grifo do original)

Diferentemente do que defendia Descartes, Locke faz uso do conceito de ideia para nomear tudo aquilo que pode ser entendido. As ideias, na tessitura de seus argumentos, nascem tão somente da experiência. Essa nova forma de pensar a concepção do conhecimento rompeu com o platonismo e todo tipo de teoria de fundo metafísico e religioso. O empirismo inaugurou, então, um novo tempo na concepção do conhecimento, agora marcado tão somente pela experiência, não mais por ideias inatas, muito menos por revelações divinas.

Em síntese, *Ensaio sobre o entendimento humano* permite tocar os principais pontos do pensamento de Locke, que parte da crítica ao inatismo, seguindo a concepção de ideia, o conceito de ideia em geral e sua gênese. A crítica tecida por ele sobre a concepção de ideias inatas culmina na evidência da não existência de caracteres originais impressos na mente. Sobre isso, temos primeiramente que ela se refere a todo e a qualquer conteúdo mental, ou seja, a ideia é, para Locke, todo e qualquer objeto do pensamento. Nessa perspectiva, ao mostrar como ocorre o procedimento do entendimento na aquisição de ideias, além de dar uma nova visão da capacidade cognitiva humana, Locke proporcionou uma maneira de pensar tão bem elaborada que influenciou uma gama de pensadores. Perante o domínio da razão proposto pelos empiristas, possibilitou um novo vigor à análise e à observação (Huisman, 2000).

Locke não buscou somente delimitar o alcance do conhecimento no sentido estrito do termo, mas também enriquecer a concepção do que é a racionalidade. A influência de *Ensaio sobre o entendimento humano* foi imensa para todo o pensamento filosófico moderno e muitas de suas proposições foram retomadas pelos filósofos da ciência e do Iluminismo (Jaffro, 2012).

Para discutir

> *De acordo com Locke,* o conhecimento só é possível a partir da experiência; portanto, aquilo que os sentidos não podem captar não pode ser conhecido. Então, o conhecimento dependeria apenas do objeto? Qual seria o papel do sujeito no processo do conhecimento? Os sentidos não poderiam nos enganar? É possível colocar a experiência como um fator determinante para o conhecimento?

4.2
George Berkeley e o empirismo radical

Com a célebre frase "Ser é perceber e ser percebido", George Berkeley (1685-1753) se tornou um importante pensador da modernidade. Nascido na Irlanda do Sul, realizou seus estudos superiores no Trinity College, em Dublin, onde posteriormente se tornou doutor e professor de Teologia e de Grego. Dedicou-se incansavelmente ao estudo de matemática e de lógica e tinha grande apreço pelos pensadores clássicos. Em 1709, publicou *Ensaio para uma teoria da visão* e, no ano seguinte, *Tratado sobre os princípios do conhecimento humano*; em 1713, em Londres, publicou *Três diálogos entre Hilos e Filon*.

Figura 4.2 – George Berkeley

Além dos estudos filosóficos e teológicos, ganhou destaque na carreira religiosa, alcançando o episcopado na Igreja Anglicana, à qual tanto se dedicou, especialmente na Diocese de

Cloyne. De espírito livre, viajou por muitos lugares, enriquecendo-se como pensador e também como missionário:

> Convencido de que a Europa já estava condenada a uma inevitável decadência moral, apresentou no parlamento um projeto para a fundação de um colégio universitário (seminário) na América para educar jovens indígenas americanos; zarpou em 1728 para a América, com a certeza de ter persuadido a todos da bondade de seu projeto, e passou três anos no Rhode Island, onde compôs os Alcifrão (publicado depois em Londres em 1732); mas em 1731, vendo que os subsídios do governo não chegavam, voltou para a Inglaterra. (Reale; Antiseri, 2009a, p. 115)

Em meios às discussões filosóficas de seu tempo estava a questão da imagem substancial-materialista do Universo. Ao escrever sua obra-prima, intitulada *Tratado sobre os princípios do conhecimento humano*, Berkeley refutou essa questão, considerada por ele um erro. Contestando parte dos argumentos da ciência moderna, especialmente os pressupostos de Newton, o filósofo religioso colocou em xeque o valor das ideias abstratas e o significado das qualidades primárias. Sobre as qualidades, descreveu: "Houve quem fizesse distinção entre qualidades primárias e secundárias, contando nas primeiras a extensão, forma, movimento, repouso, solidez ou impenetrabilidade e número; nas segundas, as qualidades sensíveis, como cor, som, sabor etc." (Berkeley, 1973, p. 20).

De acordo com sua compreensão, o conhecimento humano se sustentava nas ideias. Berkeley advogava em favor de que as ideias não passavam de sensações singulares e não acreditava em ideias abstratas, pois, para ele, quando se pensava, por exemplo, na ideia de *homem*, pensava-se em um homem em particular. Nesse aspecto consiste o nominalismo de Berkeley, de acordo com o qual se afirma que só existe aquilo que pode ser percebido. Para o pensador, seria inútil perder tempo com coisas que fogem à nossa percepção. Berkeley via ainda um certo risco em diferenciar qualidades primárias e secundárias, uma vez que, reconhecendo a existência da matéria, ela seria imutável e eterna (Reale; Antiseri, 2009a).

4.2.1 Empirismo radical

O objetivo principal da filosofia de Berkeley é refutar o materialismo demonstrando que a matéria não existe e que a realidade é resolvida totalmente no espírito. Negando a existência da matéria, a natureza das coisas consiste em ser pensada integralmente (*esse est persipi*) e a causa que produz as percepções no sujeito pensante é um ser espiritual, ou seja, Deus. Berkeley nega a distinção entre qualidades primárias e secundárias, afirmando que são todas subjetivas, fruto das nossas impressões. Contra Locke, sustenta que não temos nenhuma ideia universal: todas as ideias são representações de algo particular (nominalismo).

Para Berkeley, em seu princípio fundamental, o ser das coisas é ser percebido, a existência de uma coisa consiste exclusivamente em ser percebida pelo sujeito (Mondin, 1980). Em sua obra-prima, afirma que todo nosso conhecimento do mundo exterior se sintetiza àquilo que captamos pelos sentidos, o que é uma tese empirista. De acordo com Cotrim (2008, p. 153), Berkeley

> *Afirma também que a existência das coisas nada mais é do que a percepção que temos dessa existência. Ou em suas próprias palavras: "Ser é perceber e ser percebido". Isso significa que toda a realidade depende da ideia que fazemos das coisas. Desse modo, Berkeley nega a existência da matéria como algo independente da mente. "O que os olhos veem e as mãos tocam existe; existe realmente, não o nego. Só nego o que os filósofos chamam matéria ou substância corpórea".*

Ao levar sua compreensão sobre o empirismo até as últimas consequências, o filósofo religioso foi conduzido para uma espécie de idealismo imaterialista, advogando em favor de que tudo o que existe está presente nos sujeitos com suas experiências e suas percepções. Evitando cair em uma visão na qual tudo o que existe no mundo se resume ao eu e a sua própria consciência (solipsismo) e no total subjetivismo individualista, postulou a existência de uma mente cósmica, universal e superior à mente dos homens individuais, representada por Deus:

> Parece, pois, evidente a uma simples reflexão a existência de Deus ou um Espírito intimamente presente ao nosso, onde produz toda a variedade de ideias ou sensações experimentadas, e de quem dependemos absolutamente, em suma, "em quem vivemos, nos movemos e somos". Triste exemplo de estupidez e descuido é que esta grande verdade, óbvia ao espírito, seja compreendida pela razão de tão poucos homens, apesar de rodeados de claras manifestações da divindade e cegos diante delas, como se os cegasse o excesso de luz. (Berkeley, 1973, p. 49)

Berkeley também buscava pela filosofia manifestar a presença íntima de Deus em nosso espírito, objetivo que exigiu a elaboração de um sistema com dois aspectos solidários, um negativo e outro positivo. A vertente negativa é o imaterialismo, que afirma que a matéria não existe; torna-se assim um fenomenismo, segundo o qual os corpos não são substâncias, mas coleções de fenômenos imateriais bem regrados, chamados de *qualidades* ou *ideias sensíveis*, as quais, assim como os corpos que constituem, são objetos da percepção e do conhecimento sensível. O universo empírico, objeto da ciência física, retira sua realidade e sua objetividade em grande parte de sua coerência interna, de acordo com as leis naturais (Glauser, 2012). Assim, o mundo nada mais é do que uma relação entre Deus e os espíritos humanos.

Deus garante e sustenta a existência dos seres que experimentamos como "seres percebidos". Em síntese, para Huisman (2001, p. 145):

> *A filosofia de Berkeley é considerada espiritualista e imaterialista. Para ele fora da nossa mente não existe matéria, se existisse ela teria que ser eterna, característica própria somente de Deus. As sensações são simplesmente sistemas de sinais que a natureza emite e que nos são enviadas por Deus em vista de vivermos bem. Nega a existência da realidade. Só existem as coisas que podem ser percebidas. Existem somente mentes, nas quais estão a ideias e que são somente sensações.*

Berkeley defendia que, para que as coisas existissem, deveriam necessariamente ser percebidas por uma mente que elaborasse algum tipo de ideia sobre elas; por esse prisma, os objetos só passariam a existir se fossem percebidos. Para ele, a única substância real seria a mente que percebe.

Para conversar

> Ao dizer que "Ser é perceber e ser percebido", o que Berkeley pretendia? Qual caminho ele encontrou para que o conhecimento não caísse em uma espécie de subjetivismo individualista?

4.3
David Hume e o ceticismo

David Hume (1711-1776) nasceu e morreu na Escócia. Ao afirmar que "o costume é, pois, o grande guia da vida humana. É o princípio que torna útil nossa experiência e nos faz esperar, no futuro, uma série de eventos semelhantes àqueles que apareceram no passado" (Hume, 1972, p. 47), tornou-se um dos maiores pensadores de seu tempo. Dedicou-se ao estudo de filosofia, de direito e de comércio, além da leitura de pensadores clássicos que o influenciaram profundamente. Além de ser um excelente teórico, foi um hábil político, atuou com secretário na embaixada de países como Holanda, Itália e Áustria e manteve contato com importantes filósofos, como Adam Smith (1723-1790) e Jean-Jacques Rousseau.

Figura 4.3 – David Hume

Apesar de ter vivido em um ambiente caracterizado pela religiosidade, era declaradamente ateu, talvez pelo fato de seu acentuado ceticismo e espírito investigador. De acordo com Reale e Antiseri (2009a), suas principais obras foram: *Tratado sobre a natureza humana* (1739-1740), *Investigação sobre o entendimento humano* (1748), *Investigação sobre os princípios da moral* (1751), *Ensaios morais, políticos e literários* (editados pela primeira vez em 1741-1742), *A história da Inglaterra* (1754-1762), *Quatro dissertações* (1757), *História natural da religião* (1757) e *Diálogos sobre a religião natural* (póstumo). Entre todas, obteve um maior reconhecimento com *Ensaios* e o *Tratado sobre a natureza humana*, considerado por muitos sua obra-prima.

O princípio fundamental da filosofia de Hume é a imanência, interpretada de maneira empírica: a única fonte de conhecimento é a experiência, e o objeto desta não é a coisa externa, mas sua representação. Com base nesse princípio, as representações ou as impressões constituem o dado último do conhecimento humano; transformou, portanto, o empirismo em fenomenalismo. Hume criticava a relação de causalidade na medida em que a relação entre causa e efeito não é necessária, mas nasce da experiência. Para ele, a existência de Deus não é demonstrável, então Deus permanece como uma hipótese e um ato de fé. Conforme Mondin (1980, p. 193), a moral é caracterizada em sua visão por um utilitarismo altruísta: "é bom o que é útil e por isso é aprovado pela sociedade; é mau o que é prejudicial e por isso é condenado pela sociedade".

Como pensador, Hume teve papel importante dentro da filosofia moderna. Pertencente à corrente do empirismo, como Locke, defendia que a mente era como uma "tabula rasa", uma folha de papel em branco pronta para receber impressões pela experiência sensível. Concebia o conhecimento de duas maneiras: impressões e ideias. As primeiras seriam as percepções mais vivazes, enquanto as últimas seriam reflexões sobre as sensações que nunca atingiriam o grau de vivacidade das impressões.

Ao afirmar que todo conhecimento só é adquirido empiricamente, Hume negava a possibilidade de uma metafísica. Tamanha era a envergadura de seu pensamento que Immanuel Kant (1724-1804), reconhecido como um dos maiores pensadores da história da filosofia, afirmou que a leitura de Hume o acordou e seu "profundo sono dogmático". Nas palavras do filósofo alemão, "Confesso de bom grado, a advertência de Hume foi o primeiro que me fez acordar há muitos anos interrompeu meu sono dogmático" (Kant, 1987, p. 17).

4.3.1 Ceticismo

Um dos conceitos fundamentais do pensamento de Hume é o ceticismo; seu posicionamento cético apresenta como dissolução da ciência o fato de obter pela razão um conhecimento universal e necessário. O filósofo se negava a aceitar a lógica da indução como meio de ampliar o conhecimento e dizia não ser possível afirmar que determinado efeito seria seguido por uma causa. Para Cotrim (2008, p. 154),

Hume argumentou que a conclusão indutiva, por maior que seja o número de percepções repetidas do mesmo fato, não possui fundamento lógico. Será sempre um salto do raciocínio impulsionado pela crença ou hábito, isto é, as repetidas percepções de um fato nos levam a confiar em que aquilo que se repetiu até hoje irá se repetir amanhã. Assim, por exemplo, cremos que o Sol nascerá amanhã porque até hoje ele sempre nasceu. Mas, nada poder garantir essa certeza em termos lógicos.

Todo um conjunto de eventos que haviam se sucedido não eram garantias de que no futuro seria obtido o mesmo resultado; amanhã o sol pode não nascer e pode ser que a lua não ocupe seu lugar no céu. Com base nessas reflexões, podemos dizer que Hume legou à ciência o conceito de probabilidade, e levando em consideração esse posicionamento, as ciências experimentais não têm a possibilidade de apresentar uma lei universal. A universalidade da lei sempre estará sujeita à verificação, de modo que um primeiro fato possa torná-la falsa. Nesse sentido, Cotrim (2008, p. 154) insiste que:

> *Para Hume, somente o raciocínio dedutivo utilizado na matemática fundamenta-se numa lógica racional. Ao questionar a validade lógica do raciocínio indutivo, o valor da obra de Hume foi deixar um importante problema para os teóricos do conhecimento (epistemologistas). Afinal, é ou não possível partimos de experiências particulares para chegarmos a conclusões gerais, representadas pelas leis científicas?*

Enquanto os olhares menos atentos defendiam que por meio de observações repetidas, realizadas anteriormente, seria possível o mesmo fato acontecer também no futuro, Hume defendia que a repetição de um fato não permitia que se concluísse, em termos lógicos, que ele teria continuidade, repetindo-se sempre da mesma maneira. Assim, o filósofo postulou um ceticismo teórico, pois, segundo ele, o conhecimento científico que sustentava a bandeira da mais pura racionalidade também estava apoiado em bases não racionais, como o hábito intelectual e a crença.

De acordo com Reale e Antiseri (2009a, p. 145, grifo do original),

> *Hume definiu a própria posição como* **ceticismo moderado**, *que consiste na limitação das investigações humanas sobre os argumentos que melhor se adaptam às capacidades limitadas do intelecto humano. Em última análise, porém, todo o ceticismo huminiano tem como único* **a negação da valência ontológica do princípio de causa e efeito**.

Tudo isso é afirmado para comprovar que o raciocínio é incapaz de chegar a alguma conclusão acerca das causas e efeitos dos fenômenos. Sobre isso, ele assume a posição cética, mas não fechada ao conhecimento. Ao desconfiar das posições fixadas pelo hábito, o pesquisador deveria apresentar suas teses como probabilidades, e não como verdades ou certezas inquestionáveis: "Tal atitude epistemológica, estendida ao convívio social, tornaria os homens mais tolerantes, democráticos e abertos" (Cotrim, 2008, p. 154). Advogando em favor da experiencia, Hume (1986) coloca à prova as ideias abstratas e as concepções de fundo religioso e metafísico. Em sua obra *Investigação sobre o entendimento humano*, especialmente na primeira seção, retoma conceitos importantes, propondo uma análise da natureza do entendimento humano com o objetivo de evitar todo tipo de erro e obscurantismo.

Em síntese, sobre as contribuições do pensamento de Hume, podemos constatar um enorme desejo de tratar de modo científico, e não metafísico, o princípio das ideias, que para os empiristas eram frutos dos sentidos, das sensações e das experiências. Fazendo um contraponto com o pensamento racionalista, especialmente de Descartes, distanciava-se profundamente de todo o pensamento transcendente. Em Hume estão as primícias para estudarmos a aplicação do método experimental aos fenômenos próprios da mente.

Para debater

> *Ao propor o conceito* de probabilidade nas ciências, Hume questionou a universalidade das leis e das teorias, uma vez que, no futuro, por meio de novas experiências, podem ser falseadas. Debata em grupo sobre em que o pensamento de Hume contribui para reflexões filosóficas, históricas, políticas e sociais do momento, que tendem a ser autoritárias, fundamentalistas, polarizadas e fechadas ao questionamento.

4.4
Thomas Hobbes e o materialismo clássico

Thomas Hobbes (1588-1679) se colocou diante de questões referentes à teoria do conhecimento e suas principais escolas. Uma vez que em política defendia a importância do Estado para o controle dos indivíduos e a organização da sociedade civil, muitos de seus conceitos sobre a natureza do ser humano e a formação do mundo estão presentes em sua gnosiologia. Contrário a Aristóteles e à filosofia escolástica medieval, voltada para a questão do ser, Hobbes se

Figura 4.4 – Thomas Hobbes

André Müller

mostrou aberto às influências do método euclidiano, do racionalismo cartesiano, do utilitarismo de Bacon e, sobretudo, da física de Galileu Galilei (1564-1642). Com suas ideias e seus ideais, evidenciou a necessidade de criar e de pensar um novo estatuto científico, que seria a ciência do Estado, uma espécie de filosofia civil sustentada no edifício metodológico de Galileu; portanto, seria uma contraposição a um modelo de ciência que vinculava filosofia, religiosidade, textos e preceitos sagrados. Sobre essa proposta, Reale e Antiseri (2009a, p. 75, grifo do original) argumentam:

> Conforme Hobbes, a verdadeira filosofia tem por objetivo os corpos, suas causas e suas propriedades, e tudo aquilo que não é corpóreo (Deus, a fé, a revelação, a história) é excluído da filosofia; e uma vez que existem três tipos de "corpos*" – **naturais inanimados**, **naturais animados** (como o homem), **artificiais** (como o Estado) –, a filosofia deve tratar: a) do corpo em geral; b) do homem; c) do cidadão.

Hobbes viu na Mecânica, estudo do movimento na ciência natural ou física, um modelo para sua compreensão psicológica e social. Partiu de conceitos isolados, como átomos, corpos inorgânicos e eternos, e fez a analogia com os homens no Estado Real de Natureza. Segundo sua teoria, essa analogia pode explicar as alterações sociais; cada indivíduo reage a movimentos exteriores em uma necessidade incondicional, e, observadas do interior, as relações humanas se apresentam como vivências, sentimentos e impulsos. Para o filósofo político, todos os efeitos que sentimos são mecânicos em nosso corpo e também no mundo exterior. Como partidário da corrente empirista, Hobbes também sustentava que a mente humana é totalmente desprovida de qualquer representação anterior à experiência.

---

* Corpo é tudo aquilo que não depende do pensamento humano e que é causa de sensações, de que deriva todo o conhecimento humano.

4.4.1 Filosofia dos corpos

Destacando-se como um importante pensador político da modernidade, Hobbes estabeleceu um paralelo entre sua compreensão sobre as formas de governo e as teorias sobre a origem do conhecimento de seu tempo. Em termos científicos, o resultado do seu trabalho passou a ser conhecido como a *ciências dos corpos*. Na base de seus argumentos está a ideia de que toda a realidade está construída sobre dois elementos: o corpo, que independe de nosso pensamento, e o movimento local, de onde nascem todas as coisas (Reale; Antiseri, 2009a). Negando todo tipo de liberdade e de valores morais, a filosofia dos corpos de Hobbes passou a ser reconhecida como um *corporeísmo mecanicista*. O que tem valor, segundo essa filosofia, é o que se desprende do movimento mecânico. A vida passa, então, a ser um grande relógio com engrenagens bem definidas. O bem e o mal, nessa perspectiva, tornam-se relativos.

As preocupações com a fundamentação do conhecimento que dividiam racionalistas e empiristas na modernidade filosófica são perceptíveis no pensamento de Hobbes, que, recusando o postulado de um conhecimento inato, que dispensa os sentidos – conceito típico do racionalismo –, desenvolveu um mecanismo corporeísta no qual as sensações estão na origem de qualquer pensamento. Com isso, ganhou notoriedade como o primeiro filósofo materialista moderno. Em sua compreensão, toda realidade tinha a possibilidade de ser explicitada por meio de dois elementos: o primeiro deles seria o "corpo", pensado como elemento material existente de modo não vinculado ao pensamento; o segundo seria o "movimento", que em sua composição e estrutura pode ser delimitado pela matemática e pela geometria.

Os traços fundamentais do empirismo, segundo Hobbes, são efetivamente o "materialismo", em que toda a realidade depende da matéria, e o "mecanicismo", corrente de pensamento na qual os fenômenos se aplicam por conjuntos de causas mecânicas, ou seja, de forças e de movimentos. De acordo com Cotrim (2008, p. 149), "uma consequência dessa tese é que, no pensamento de Hobbes, não há lugar para o acaso e a liberdade (mudanças não condicionadas), porque os movimentos resultam necessariamente dos nexos casuais que lhe dão origem". Em uma época dominada pela religião e pelo conflito religioso, quando negar a crença em Deus era crime e punha a pessoa em risco, Hobbes apareceu como uma filosofia de completo materialismo.

Para Hobbes (citado por Magee, 2001, p. 78):

O Universo, que é a massa total de coisas que há, é corpóreo, isto é, um corpo; e tem dimensões de magnitude, a saber, cumprimento, largura e profundidade. Também cada parte do corpo é igualmente corpo, e tem as mesmas dimensões. E, por conseguinte, cada parte do universo é corpo, e o que não é corpo não é parte do Universo. E, como o universo é tudo, o que não faz parte dele não existe em lugar nenhum.

A respeito de seu posicionamento sobre a compreensão de Deus e a validade dos argumentos metafísico e não materiais, conforme Magee (2001, p. 79), Hobbes defendeu "que conceitos filosóficos e teológicos como 'substância incorpórea' eram autocontraditórios" e não possuíam significado. Segundo ele, pensar uma concepção de Deus estava muito além da capacidade humana. "Desdobrando sua afirmação de que só a matéria existe, Hobbes veio a considerar todo objeto móvel, inclusive os seres humanos, como algum tipo de máquina: na verdade, todo o universo como uma grande máquina" (Magee, 2001, p. 79).

Sendo então reconhecido como o primeiro a refletir sobre o materialismo na modernidade, Hobbes acabou sendo o primeiro pensador a descrever uma teoria mecanicista da natureza em sua totalidade. Ainda que profundamente criticado, propôs pensar a vida e o ser humano do ponto de vista da física e do movimento. Munido dessa forma diferente de pensar, a partir da matéria e do movimento, Hobbes se dedicou ao ensino de suas ideias ao longo de toda a vida.

Para pensar

> *Para Hobbes,* o bem era tudo aquilo que se deseja alcançar e o mal é aquilo de que se foge. Se cada pessoa tem a possibilidade de determinar o que é o bem e o mal para si, como fica o bem e o mal em uma perspectiva universal? O bem e o mal de cada um está acima da coletividade? Como não cair em um relativismo moral e ético?

4.5
John Stuart Mill e o princípio da causalidade

John Stuart Mill (1806-1873) nasceu na Inglaterra e seu pai e educador foi o escocês James Mill, importante referência para as reflexões políticas e econômicas da época. Sendo severo e metódico, ofereceu uma sólida formação e influenciou profundamente o filho. Mill, por sua vida e suas obras, tornou-se um dos mais influentes pensadores do século XIX e durante muitos anos foi membro da Câmara dos Comuns (Casa Legislativa) do governo britânico.

Figura 4.5 – John Stuart Mill

Mill cresceu, então, no ambiente cultural inglês do liberalismo. Era amigo do economista francês Jean-Baptiste Say (1767-1832), foi influenciado pelos escritos do Conde de Saint-Simon (1760-1825) e de seus seguidores e tornou-se leitor e correspondente de Auguste Comte (1798-1857), fundador da sociologia e do positivismo. Em 1821, quando leu Jeremy Bentham (1748-1832) pela primeira vez, Mill "acreditava possuir o que pode ser chamado de 'objeto de vida'", ou seja, "ser um reformador do mundo" (Reale; Antiseri, 2007, p. 307). Superando momentos pessoais de crise, segundo Reale e Antiseri (2007, p. 307),

> *trabalhou com muita intensidade, dentro da tradição empirista, associacionista utilitarista, construindo com muita intensidade um conjunto de teorias lógicas e ético-políticas que marcaram a segunda metade do século XIX inglês e que até hoje constituem pontos de referência e etapas obrigatórias, tanto para o estudo da lógica, da ciência como para a reflexão no campo ético e político.*

Como pensador, Mill se apresentou para a história da filosofia, em muitos aspectos, de maneira um tanto paradoxal e surpreendente. Pensador de muitas vertentes, discorreu sobre lógica, epistemologia, metafísica, política e economia; característica profunda de seus textos foi o rigor conceitual extremado, no qual todos os aspectos de suas investigações buscavam se entrelaçar com os argumentos mais sólidos da metafísica tradicional. Em suas pesquisas, nutriu grande respeito pela lógica formal, além de ter contribuído em questões relacionadas ao nominalismo, tão difundidas nos pensamentos de Hobbes, Locke e Hume.

4.5.1 Lógica e causalidade

Na construção do pensamento filosófico de Mill destacam-se as seguintes obras: *O sistema de lógica raciocinativa e indutiva* (1843) e *Sobre a liberdade* (1859). Em meio aos profundos problemas filosóficos de seu tempo, Mill dedicou-se especialmente ao estudo da lógica e a dar sua contribuição para a questão do silogismo e sua possível esterilidade, de acordo com a sua maneira de pensar. Para exemplificar, podemos tomar o seguinte silogismo: *Todos os homens são mortais; Roberto Carlos é um homem; logo, Roberto Carlos é mortal.* Para defender a esterilidade do silogismo, Mill argumenta que na primeira premissa já está a conclusão.

A questão que se coloca para o pensador é sobre como se obtém as proposições gerais. Conforme a reflexão de Mill, as proposições gerais nascem da experiência e esta, de modo geral, oferece apenas a observação de casos particulares. É aqui que, segundo ele, está o problema da indução. Para Reale e Antiseri (2007, p. 306, grifo do original), a indução, para Mill, "consiste em inferir, a partir de alguns casos particulares em que se observa que um fenômeno se verifica, que ele se verifica em todos os casos de certa classe, ou seja, em todos aqueles que se **assemelham** aos precedentes nas que se consideram as circunstâncias essenciais". Ainda sobre este aspecto, enfatiza Mondin (1980, p. 200):

A indução de tais circunstâncias essenciais é o resultado, para Mill, a aplicação dos cinco métodos da indução: método da concordância, método da diferença, método combinado, método dos resíduos e método das variações concomitantes. Por meio dessas regras, segundo ele, é possível chegar-se às relações de causalidade entre os fenômenos, estabelecendo-se os antecedentes invariáveis e incondicionais.

Contudo, é certo que, em meio a essas questões, o problema mais eminente para Mill, conforme Reale e Antiseri (2007, p. 306), dizia respeito "à garantia de nossas inferências a partir da experiência".

Garantia que Mill vê no princípio de indução, segundo o qual "o curso da natureza é uniforme". O princípio de indução – princípio da uniformidade da natureza ou princípio de causalidade – é, portanto, o axioma geral das inferências indutivas; é a premissa maior de toda indução; ele foi sugerido a partir das mais óbvias generalidades descobertas no início (o fogo queima, a água molha etc.) e, uma vez formulado, foi posto como fundamento das generalizações indutivas. (Reale; Antiseri, 2007, p. 306)

De modo geral, por meio das contribuições de Mill, importante sistematizador da lógica indutiva, a fundamentação do princípio de indução se faz pela própria experiência, que ensina a ordem e a estabilidade da natureza, ou seja, as relações constantes de sucessão entre causa e efeito. Pondera o filósofo: "Existe uma lei que diz que tudo tem uma lei. A preocupação entorno do problema especulativo o levou a construir uma lógica indutiva válida e completa, baseada na gnosiologia do empirismo inglês, a qual não admite conceitos e ideias universais" (Mill, citado por Oliveira et al., 2005, p. 197).

A lógica, entretanto, não é o mesmo que conhecimento, embora seu campo seja tão extenso quanto o do conhecimento. A lógica é o juiz comum e o árbitro de todas as investigações particulares. Ela não se encarrega de encontrar a prova, mas decide se ela foi encontrada. A lógica não observa, nem inventa, nem descobre, mas julga.

[...] *Ela não lhe dá provas, mas ensina-lhe como e por que são provas e como deve julgá-las; não ensina que determinado fato particular prova algum outro, mas estabelece as condições às quais todos os fatos devem submeter-se, para poderem provar outros fatos.* (Mill, 1974, p. 82)

A lógica é tão importante que foi considerada por inúmeros pensadores como a ciência da ciência; sendo a ciência composta de dados e de conclusões sobre esses mesmos dados, a lógica estabelece que tais dados precisam ser submetidos e que as relações precisam ser demonstradas com precisão, evitando inferências falsas. Todo conhecimento precisa observar as leis estabelecidas para ser considerado verdadeiro. Conforme Mill (1974, p. 82), "Se as conclusões são rigorosas, e o conhecimento real, é porque essas leis, conhecidas ou não, foram observadas". Além disso, "a uniformidade do curso da natureza [...] é um fato complexo, composto de diversas uniformidades separadas de cada fenômeno. A essas diversas uniformidades, quando constatadas por aquilo que se considera uma suficiente indução, chamamos, na linguagem comum, leis da natureza" (Mill, 1974, p. 177).

Para pesquisar

Ao dizer que "se as conclusões são rigorosas, e o conhecimento é real, é porque essas leis, conhecidas ou não, foram observadas", Mill (1974, p. 82) propõe bases lógicas para a construção do conhecimento e sua verificação. Pesquise sobre a importância da lógica e sua presença no cotidiano e analise suas contribuições para as ciências e para a filosofia de modo geral.

Síntese

Durante a modernidade, o racionalismo encontrou um vasto e profundo campo para o desenvolvimento de suas teorias. Ainda que tenham sido expressivas suas contribuições, a razão se deparou com a força da experiência. Acreditando que não existem ideias inatas e que o ser humano, ao nascer, se assemelha a um folha em branco, os empiristas defenderam que é tão somente pelas experiências que são produzidos os conhecimentos. Tal pensamento provocou uma revolução na teoria do conhecimento, pois tudo o que não fosse capaz de ser captado pelos sentidos e pelas sensações deveria ser rejeitado, até mesmo conceitos metafísicos e religiosos. Assim como o racionalismo, o empirismo fez discípulos, encontrou barreiras e foi ressignificado e repensado por inúmeros pensadores.

Partindo do reconhecimento da experiência em relação à razão, no desejo de compreender os mecanismos do processo do conhecimento, analisamos neste capítulo os argumentos principais do empirismo com base em Locke e o desafio colocado pelo entendimento humano, em especial na concepção do que é uma *ideia*. Tomando como referência o pensamento de Locke, verificamos os elementos constitutivos daquilo que ficou conhecido como *empirismo radical* de Berkeley. Para o filósofo e bispo, só existia aquilo que poderia ser percebido, e uma vez que percebemos apenas nossas ideias ou sensações, seria inútil falar de coisas que estivessem além de nossas percepções.

Por sua vez, em seu ceticismo, mediante experiências passadas, Hume acreditava que no futuro os fatos poderiam ser diferentes, não necessariamente iguais; seu posicionamento cético introduziu o conceito de probabilidade nas ciências. Fazendo uma relação com sua teoria política, vimos como Hobbes passou a ser considerado o fundador do materialismo moderno e reconhecido como o primeiro filósofo a propor uma teoria totalmente mecanicista da natureza. Mesmo sendo incompreendido por suas teorias não religiosas, abriu espaço para se pensar a vida e o ser humano a partir da física e do movimento.

Por fim, perpassamos algumas das inúmeras contribuições de Mill, especialmente no que se refere a seu princípio da causalidade. Em sua compreensão, para a filosofia, era fundamental levar em consideração as leis da natureza e sua autonomia, pautada, de modo especial, na experiência e na observação dos fenômenos. Considerado um pensador plural, em suas reflexões sobre a ciência e a lógica conciliava aspectos políticos, éticos e sociais.

Indicações culturais

Filmes

A ESTRELA de Copérnico (Gwiazda Kopernika). Direção: Zdzislaw Kudla e Andrzej Orzechowski. Polônia, 2009. 94 min.
Trata-se de uma animação simples, porém com roteiro muito interessante e de certa maneira educativo. Apesar de ter elementos de fantasia, proporciona um panorama divertido e criativo sobre a vida e as ideias de Nicolau Copérnico (1473-1543).

AMADEUS. Direção: Milos Forman. EUA, 1984. 180 min.
A modernidade proporcionou uma série de mudanças em inúmeros setores da sociedade e do saber humano. Com o objetivo de retratar o desenvolvimento da música no período, o filme apresenta o cotidiano de um genial compositor e sua relação com os músicos e a sociedade da época. Com um roteiro bem elaborado, paisagens bucólicas e música clássica, o filme tem a capacidade de transportar os telespectadores ao passado e, ao mesmo tempo, mostrar como

a arte foi se desenvolvendo na modernidade e quais de suas raízes estão presentes em nosso cotidiano.

A VIDA de Galileu (Galileo). Direção: Joseph Losey. EUA, 1975. 145 min.

Galileu Galilei foi uma das figuras mais importantes da história da humanidade. No século XVII, consolidou-se como um dos responsáveis pela fundação do método experimental e da ciência moderna. Apoiando o heliocentrismo, teoria desenvolvida por Copérnico, entrou em rota de colisão com a Igreja e sua postura dogmática que atravancava o progresso científico. Sendo um homem de fé, foi obrigado a negar suas ideias, mas suas contribuições são reconhecidas também no campo da física e da mecânica.

Livro

LOCKE, J. **Ensaio sobre o entendimento humano**. Tradução de Anoar Aiex. 2. ed. São Paulo: Abril Cultural, 1979. (Coleção Os Pensadores).

John Locke foi um dos principais pensadores do empirismo filosófico moderno. Nessa obra, intitulada *Ensaio sobre o entendimento humano*, ele reflete sobre a origem das ideias e dos conhecimentos humanos. Ampliando a problematização das ideias inatas, já discutidas pelo racionalismo, Locke defendia que tais ideias não existem no espírito humano e, a partir dessa compreensão, inaugurou a celebre definição de que o ser humano é "uma tábula rasa", ou seja, nasce sem nenhum conhecimento, sua mente é como uma "folha em branco" e todo o processo de conhecer se dá pela experiência.

Atividades de autoavaliação

1. Na obra *Ensaio sobre o entendimento humano*, Locke deixa evidente que a maneira pela qual adquirimos qualquer tipo de conhecimento constitui suficiente prova de que não é inato, rompendo com o racionalismo de Descartes. Basicamente, os empiristas afirmavam que:
    a) o conhecimento é fruto das ideias que trazemos em nossa alma.
    b) o conhecimento não pode ser obtido por conta da fragilidade do pensamento.
    c) o conhecimento deriva da experiência.
    d) o conhecimento está vinculado à fé e emana de Deus.

2. "Todo o poder criativo da mente se reduz a nada mais do que a faculdade de compor, transpor, aumentar ou diminuir os materiais que nos fornecem os sentidos e a experiência. Quando pensamos em uma montanha de ouro, não fazemos mais do que juntar duas ideias consistentes, ouro e montanha, que já conhecíamos". Neste fragmento, retirado da *Investigação sobre o entendimento humano*, Hume estabelece um vínculo entre pensamento e impressão ao considerar que:
    I) os conteúdos das ideias no intelecto têm origem na sensação.
    II) as ideias são frutos da adaptação de nossa mente.
    III) os sentimentos influenciam o ordenamento de nossas ideias.

    Assinale a alternativa que apresenta a resposta correta:

    a) Todas as assertivas são verdadeiras.
    b) Somente a assertiva I é verdadeira.
    c) As assertivas I e III são verdadeiras.
    d) Somente a assertiva II é verdadeira.

3. Sobre o pensamento: "Experimentei algumas vezes que os sentidos eram enganosos, e é de prudência nunca se fiar inteiramente em quem já nos enganou uma vez", podemos dizer:
    I) Nele estão as bases do pensamento empirista.
    II) Para os empiristas, ainda que os sentidos sejam importantes, eles podem nos enganar.
    III) Locke, ao cunhar esse pensamento, destaca o primado da razão em relação à experiência.
    IV) As divergências entre racionalistas e empiristas eram apenas políticas.
    V) Em ambas as correntes, a metafísica era vista pelo mesmo prisma.

    Assinale a alternativa que apresenta a resposta correta:
    a) Apenas duas das assertivas são verdadeiras.
    b) As assertivas I e III são falsas.
    c) Apenas a assertiva V é verdadeira.
    d) Todas as assertivas são falsas.

4. Ao longo da história, Berkeley foi reconhecido por seu empirismo radical. Entre as coisas que ele negava estão:
    a) a possibilidade do conhecimento; a existência da matéria; o conceito de metafísica.
    b) a existência da matéria; as ideias universais; o conceito de metafísica.
    c) a percepção; a possibilidade de conhecimento; o conceito de metafísica.
    d) as ideias inatas; a possibilidade do conhecimento; a percepção do mundo.

5. Mill, sendo um pensador plural inspirado por Bentham, elaborou uma ética de cunho empirista/utilitarista. Considere os seguintes pensamentos:

   I) O ser humano é fundamentalmente um indivíduo portador de necessidades.

   II) A ação verdadeiramente reta é aquela que busca a felicidade de todos.

   III) Por mais que seja um ideal, a felicidade é destinada apenas para algumas pessoas.

   IV) A moral é a arte de orientar as ações do homem em vista da felicidade de todos.

   V) Do ponto de vista da experiência, a felicidade é uma ilusão momentânea.

   Assinale a alternativa que apresenta a resposta correta:

   a) Apenas o pensamento I é verdadeiro.
   b) Os pensamentos I, II e IV são verdadeiros.
   c) Os pensamentos I, II e III são verdadeiros.
   d) Somente o pensamento V é verdadeiro.

Atividades de aprendizagem

Questões para reflexão

1. Ao explicitar os pressupostos do empirismo, Locke compara o indivíduo a uma "tábula rasa". Em que consiste essa analogia?

2. Ao negar as ideias inatas, do ponto de vista da sabedoria e do conhecimento, para os empiristas todas as pessoas nascem iguais. Em termos políticos, o que isso significa?

3. Um dos temas mais discutidos no estudo da ciência moderna é o problema da indução. Quais são suas características e seus limites?

4. Hume foi um dos principais expoentes do empirismo moderno e entre suas contribuições está o conceito do ceticismo. Quais são seus reflexos na ciências experimentais?

5. Além de ser reconhecido como um importante pensador político, Hobbes influenciou a modernidade com sua filosofia natural. Descreva a importância da física para sua gnosiologia.

6. Racionalismo e empirismo foram importantes correntes do pensamento filosófico moderno. Apesar de suas diferenças, é possível encontrar nelas algum ponto em comum?

7. Mediante as inúmeras contribuições da filosofia para a ciência na modernidade, quais seriam as características de uma filosofia da ciência?

Atividade aplicada: prática

1. O racionalismo e o empirismo são as duas principais correntes de pensamento na modernidade, a partir das quais se discutiram as formas de conhecimento, o estatuto das ciências, as relações políticas e sociais, a origem do mundo e das coisas. Com o objetivo de adentrar ainda mais as discussões desse grande período para a história da filosofia, pesquise o significado dos seguintes conceitos: inatismo e empirismo, dedução e indução, realismo e idealismo.

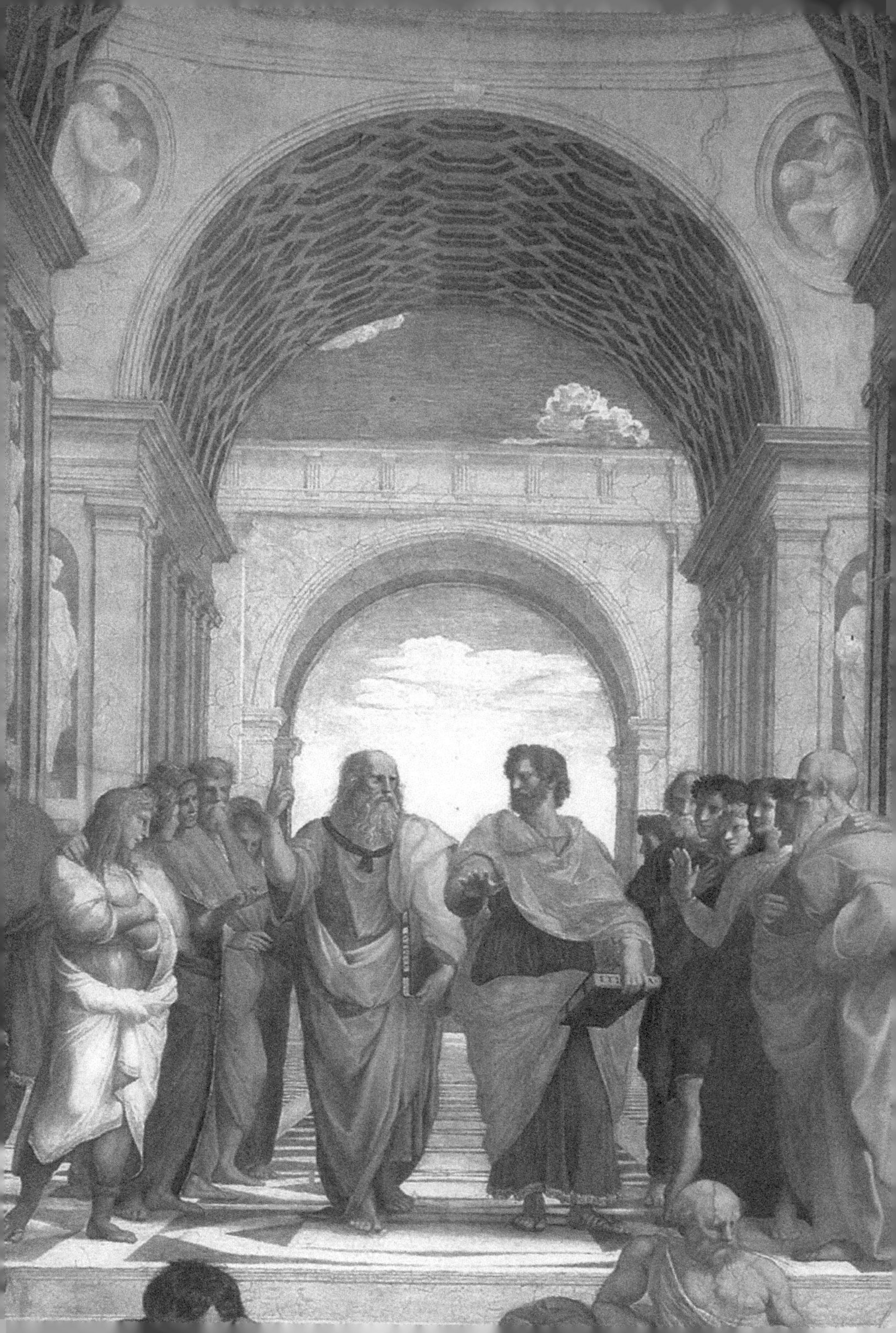

5
Criticismo kantiano

"Não é possível aprender qualquer filosofia; pois onde se encontra, quem a possui e segundo quais características se pode reconhecê-la? Só é possível aprender a filosofar, ou seja, exercitar o talento da razão, fazendo-a seguir os seus princípios universais em certas tentativas filosóficas já existentes, mas sempre reservando à razão o direito de investigar aqueles princípios até mesmo em suas fontes, confirmando-os ou rejeitando-os". (Kant)

A filosofia moderna marcou o nascimento de um novo tempo para a história do pensamento. Rompendo com as certezas e as verdades preestabelecidas da Idade Média, colocou em xeque a possibilidade do conhecimento, seus pressupostos e os métodos a serem utilizados para tal empreendimento. Isso foi possível porque já no Renascimento se desenvolvia a luta contra o princípio da autoridade e se buscava o reconhecimento de que pelos próprios poderes os seres humanos seriam capazes de tecer a trama de seu caminho.

O racionalismo e o empirismo do século XVII, com seus grande representantes, como René Descartes (1596-1650), John Locke (1632-1704) e David Hume (1711-1776), ofereceram o lastro filosófico de uma nova compreensão. Descartes optou pelo poder da razão e sua capacidade de perceber o mundo por meio de ideias claras e distintas. Locke e Hume, em contrapartida, reconheceram o valor dos sentidos e da experiência na elaboração do conhecimento (Aranha; Martins, 2003).

Em meio às discussões entre racionalistas e empiristas, Immanuel Kant (1724-1804) despontou propondo a superação dessa dicotomia, concluindo que o conhecimento só seria possível pela conjunção de suas fontes: sensibilidade e entendimento. Em sua compreensão, a sensibilidade e os sentidos oferecem a matéria e o entendimento oferece as formas do conhecimento. O criticismo kantiano teve como objetivo principal a crítica das faculdades cognitivas do homem, no desejo de conhecer seus limites. Como produto dessa crítica, chegou-se à negação da possibilidade de a razão humana conhecer a essência das coisas (número).

Paralelo ao empreendimento kantiano, uma série de transformações esteve em curso. Conforme Chaui (1997), pela força da razão naquele período o homem sentiu que podia conquistar a liberdade e a felicidade social e política, aperfeiçoar e progredir as civilizações, pensar a sociedade como espaço de liberdade, de vontade livre, apostar nos desenvolvimentos tecnológico e científico, rompendo com princípios imutáveis, metafísicos e estáticos. O criticismo kantiano, em seu sentido lato, preconizava a investigação dos fundamentos do conhecimento como condição para toda e qualquer reflexão filosófica. Nesse sentido, em comunhão com os valores iluministas, elaborou uma profunda crítica ao dogmatismo – tanto teológico quanto racionalista –, que aceita ideias inatas e das quais deduz a existência de Deus.

Ao superar o racionalismo, Kant não queria cair no oposto, no ceticismo cético de Hume. Para tanto, segundo Hottois (1997), procurava pôr em evidência o caráter ativo da razão em suas funções cognitivas; limitar o alcance das funções cognitivas da razão; frisar o papel da razão no domínio prático da moral; e precisar qual seria a contribuição da razão nos domínios das questões metafísico-religiosas, como a imortalidade da alma e a existência de Deus ou a idealidade do mundo em si suprassensível.

Veremos, então, o conceito de Iluminismo e suas principais vertentes, seu significado, sua amplitude e os desdobramentos das críticas propostas por Kant, bem como o papel e as contribuições das escolas pós-kantianas.

5.1
Iluminismo e suas principais vertentes

O Iluminismo, mais do que uma escola ou um sistema filosófico, foi um movimento espiritual típico do século XVIII, caracterizado por uma ilimitada confiança na razão humana, considerada capaz de diminuir as névoas do desconhecido e do mistério que estorvam e obscurecem o espírito humano e de tornar os homens melhores e felizes, iluminando-os e instruindo-os.

Figura 5.1 – *O Iluminismo e a valorização da racionalidade humana*

Esin Deniz/Shutterstock

Esse período pode ser facilmente identificado pelo antropocentrismo, um ato apaixonado de fé pela natureza humana e suas capacidades:

> É um novo evangelho de progresso e felicidades. O iluminismo preconiza um novo messianismo, uma nova era, em que o homem, vivendo conforme a sua natureza, será perfeitamente feliz. As caraterísticas fundamentais do iluminismo são: veneração à ciência, com a qual se espera resolver todos os problemas que afligem a humanidade; empirismo: tudo aquilo que está além da experiência não conserva nenhum interesse e cessa de ter valor como problema; racionalismo: ilimitada confiança na razão, cujo poder é considerado ilimitado; antitradicionalismo: crítica da tradição, especialmente da Igreja e da monarquia e negação de tudo aquilo que nos foi transmitido do passado; otimismo utópico: o homem considera-se capaz de eliminar todas as causas de infelicidade e da miséria em qualquer setor (social, político, econômico, pedagógico, jurídico) e conseguir, num futuro não muito longínquo, um estado de perfeita felicidade.
> (Mondin, 1980, p. 170)

Vendo um futuro próspero na força da razão, o Iluminismo foi uma corrente filosófica considerada otimista. Sustentando seus argumentos estava a burguesia, cada vez mais em ascensão política, econômica e social, que, cansada dos desmandos da monarquia absolutista, teceu profunda crítica à tradição cultural e ao Estado e, a partir daí, propôs a transformação da antiga ordem em um mundo completamente novo: o mundo burguês. Os iluministas defendiam um Estado constitucional, com a existência de uma autoridade nacional central com poderes bem definidos e limitados e uma ampla margem de liberdade civil. Assim, o Iluminismo pode ser pensado como uma filosofia que acreditou, trabalhou e se empenhou em vista do progresso e de todos os seus benefícios: "Algum dia, tudo será melhor – eis a nossa esperança", dizia Voltaire (citado por Mota; Braick, 1997, p. 254).

Fundamentalmente, o Iluminismo foi a corrente na qual mais se confiou na razão humana e a ela se vincularam o desenvolvimento e o progresso da humanidade. Segundo Reale e Antiseri (2009a, p. 219), em vista de um desinibido uso crítico da razão, o Iluminismo direcionou-se:

a) ***à libertação*** *em relação aos dogmas metafísicos, aos preconceitos morais, às superstições religiosas, às relações desumanas entre os homens, às tiranias políticas;*

b) ***à defesa*** *do conhecimento científico e técnico e dos inalienáveis direitos naturais do homem e do cidadão. Kant dirá que o lema do Iluminismo é: "Sapere aude! Tem a coragem de servir-te de tua própria inteligência!".*

Sua denominação estava ligada ao fato de os filósofos iluministas verem a si mesmos como militantes da razão, a "luz" contra a tradição cultural e institucional (as "trevas"). Em seus escritos, os pensadores iluministas insistiram que somente com o uso da razão os homens atingiriam o progresso, no sentido mais amplo de sua compreensão; tão somente pela razão seria possível implementar no mundo uma nova organização, na qual a felicidade e a realização poderiam ser alcançadas pela totalidade dos indivíduos. Sobre a constituição do Iluminismo, Mota e Braick (1997, p. 254) advertem que "Não podemos nos referir ao iluminismo como um movimento homogêneo, pois foi acima de tudo uma mentalidade, uma atitude cultural e espiritual de filósofos, de burgueses, de intelectuais e até mesmo de alguns reis e rainhas".

5.1.1 Luzes da razão

Como um movimento filosófico, para Chaui (1997), o iluminismo se estendeu de meados do século XVIII ao começo do século XIX*. Foi ainda reconhecido historicamente como o "Século das Luzes", ou como "Filosofia da Ilustração" – *aufklärung* (esclarecimento). Com uma maior valorização da racionalidade, da autonomia e das potencialidades humanas, nesse período houve um grande interesse pelas ciências biológicas e naturais vinculadas com a ideia de evolução e também pelas artes de modo geral, na medida em que eram consideradas expressões por excelência do grau de progresso de uma civilização.

Nas palavras de Chaui (1997, p. 48): "Nesse período houve grande interesse pelas ciências que se relacionam com a ideia de evolução, por isso a biologia teve lugar central no pensamento ilustrado, pertencendo ao campo da filosofia da vida". A filosofia do Iluminismo também sofreu a influência da revolução científica desenvolvida e potencializada por Galileu Galilei (1564-1642) no século XVII.

O método experimental recém-descoberto tinha a técnica como aliada, fazendo surgir as novas ciências, as quais, por sua vez, aperfeiçoaram ainda mais a tecnologia. Com o seu poder aumentado, o ser

---

* O Iluminismo se expandiu por toda a Europa no século XVIII e teve maior expressão em países como França, Inglaterra, Alemanha, Itália, Escócia e Irlanda.

humano não mais se contentava em contemplar a harmonia da natureza: desejava conhecê-la para dominá-la. Por fim, a natureza passou a ser vista de forma não mais sacra, isto é, desvinculada das confissões e tradições religiosas. "Tornando-se livre de qualquer tutela, sabendo-se capaz de procurar soluções para seus problemas com base em princípios racionais, o homem estende o uso da razão a todos os domínios: político, econômico, moral e religioso" (Aranha; Martins, 2003, p. 134).

Via de regra, a razão compreendida com base nos iluministas é razão de Locke, de Isaac Newton (1643-1727) e de todos os pensadores que a viam de modo independente das verdades da revelação religiosa e que não reconhece as verdades inatas da filosofia racionalista. Aprofundando ainda o conceito de razão para os iluministas, Reale e Antiseri (1990, p. 673, grifo do original) destacam:

> Trata-se, portanto, como já dissemos, de uma razão limitada à **experiência** e controlada pela experiência. Limitada em seus poderes e progressiva em seu desenvolvimento, a razão dos iluministas, porém, não fica confinada aos fatos da natureza, como em Newton. A razão dos iluministas não considera excluído nenhum campo de investigação: é uma **razão** que diz respeito à natureza e, ao mesmo tempo, também ao homem.

Para Kant, uma das maiores referências do pensamento iluminista, somente a partir do momento em que se deixa conduzir pela força da razão o homem é capaz de sair de sua minoridade e alcançar a maioridade – a autonomia, a capacidade de ser dono de si mesmo e autor de sua própria vida –, recusando ideias e compreensões que pareçam arbitrárias ou imposições autoritárias.

Nesse período, conforme Aranha e Martins (2003), houve uma profunda exaltação da ciência em todas as suas áreas, e se colocou a esperança na técnica e na tecnologia, consideradas instrumentos capazes de dominar a natureza e descobrir os segredos da vida humana. Sua visão positiva e otimista transpareceu "na convicção de que a razão é fonte do progresso material, intelectual e moral, o que leva à crença e confiança na perfectibilidade do homem. Em síntese, pela razão universal o homem teria acesso à verdade e à felicidade" (Aranha; Martins, 2003, p. 248).

A *Enciclopédia ou dicionário racionalizado das ciências, das artes e dos ofícios* se destacou como um importante marco da cultura e do espírito iluminista francês. Dirigida por Denis Diderot (1713-1784) e Jean le Rond d'Alembert (1717-1783) – durante sua conturbada existência (1751-1772), devido a inúmeros ataques e perseguições –, era voltada à publicação coletiva de artigos relacionados aos ofícios da época, à defesa e à divulgação das principais teses empiristas.

5.1.2 Criticismo kantiano

Figura 5.2 – **Immanuel Kant**

Immanuel Kant (1724-1804) nasceu na Prússia Oriental, filho de uma humilde família de artesãos que fabricavam arreios para montaria, e viveu uma vida modesta e devota ao luteranismo. Depois de frequentar o severo *Collegium Fridericianum*, de inspiração pietista (movimento de renovação da fé cristã), onde estudou latim e línguas clássicas, em 1740 se inscreveu na universidade local, participou de cursos de Ciência e de Filosofia e terminou o ciclo de estudos em 1747. Nesse período, desenvolveu um grande apreço pela filosofia racionalista de Gottfried Wilhelm Leibniz (1646-1716) e pelas descobertas de Newton.

Extremamente dedicado e disciplinado aos estudos, de 1747 a 1754 atuou como preceptor, colaborando na formação de inúmeros jovens. Em 1755, obteve a livre docência e passou a ministrar algumas aulas na universidade em que estudou, onde permaneceu até 1770, quando se tornou professor ordinário com a dissertação "Acerca da forma e dos princípios do mundo sensível e do mundo inteligível" *(De mundi sensibilis atque intelligibilis forma et principiis).*

Em sua trajetória, sentiu-se próximo aos feitos de Nicolau Copérnico (1473-1543) e de suas proposições em relação ao sistema solar, pelo fato de ter demonstrado como os problemas metafísicos tradicionais poderiam ser superados pela suposição de que a concordância entre os conceitos que usamos para conceber a realidade e a própria realidade surgem da conformação dessa realidade na mente humana, de modo ativo e de forma que todos os humanos possam experimentá-la, e não porque nossos conceitos mentais passivamente reflitam a realidade sem nada adicionar.

Sobre a dissertação e a influência de Copérnico na vida de Kant, Reale e Antiseri (2009a, p. 347, grifo do original) destacam:

> A *"grande luz"* que Kant disse ter apreendido em 1769, e que consistia no núcleo de sua futura *"revolução copernicana"*, encontra uma primeira e prematura expressão na Dissertação de 1770, a qual se apresentava como uma *"propedêutica"* da metafísica, entendida como conhecimento dos princípios do intelecto puro. A verdadeira novidade do texto se referia ao conhecimento sensível, definido como **intuição**, e a concepção de espaço e de tempo, entendidas nem como realidades ontológicas nem como relações entre as coisas, e sim como **modos com os quais o sujeito capta sensivelmente as coisas**.

Kant chamou de *revolução copernicana* sua proposta ao problema do conhecimento. Copérnico propôs uma inovação ao mostrar que os planetas giravam em torno do Sol e que a Terra não era o centro do Universo, e o filósofo alemão propôs uma inversão semelhante. Até então, as teorias consistiam em adequar a razão humana aos objetos, que eram, por assim dizer, o centro de gravidade do conhecimento. Kant propôs que os objetos teriam de se regular pelo sujeito, que seria o depositário das formas de conhecimento. As leis não estariam nas coisas do mundo, mas no próprio homem; seriam faculdades espontâneas de sua natureza transcendental.

Dessa maneira, para o filósofo alemão, a experiência era de fundamental relevância, mas a mente humana era a condição de possibilidade para qualquer experiência. De acordo com Mota e Braick (1997, p. 257), fruto de sua persistência e de sua genialidade, "Kant conciliou as correntes de pensamento empirista (teoria defendida por Locke, segundo a qual a consciência humana depende das experiências práticas) e idealista (teoria defendida por Hume, que acreditava ser o conhecimento humano derivado das sensações)". A magnitude de seu pensamento e a grandeza de suas obras se tornaram um marco importante na história da filosofia.

O amor pela ciência e suas descobertas marcaram definitivamente sua trajetória. Em meio às inúmeras discussões levantadas sobre a gnosiologia, Kant se mantinha atento à confusão conceitual a respeito da natureza do conhecimento e das formas pelas quais podemos alcançá-lo*. Como professor e pesquisador, era profundamente apaixonado pelo saber e por seus desdobramentos na vida prática, social e moral. Não demonstrava nenhum apreço por qualquer tipo de carreirismo nem se envolvia em manobras acadêmicas em vista de cargos e de maior poder; vivia uma

---

* Kant se deparou com as duas principais correntes de seu tempo: racionalismo e empirismo, mas não desmereceu nenhuma delas para chegar a uma verdade. O apriorismo defende que podemos chegar à verdade tanto pela inteligência inata, racional, como pelos sentidos, pela experiência.

vida simples e metódica, dedicava-se exclusivamente à pesquisa e à busca do conhecimento por meio de suas leituras e da produção de inúmeras obras* (Aranha; Martins, 2003).

Sobre a formação de seu pensamento e a constituição de suas obras, Reale e Antiseri (2009a, p. 347) comentam:

> *Entre 1770 e 1781, dá-se o momento decisivo da formação de seu sistema filosófico. Em 1781 saiu a primeira edição da* Crítica da razão pura *(a segunda em 1787), que foi seguida pela* Crítica da razão prática *(1788) e pela* Crítica do juízo *(1790).*
>
> *Em 1794 foi intimado a não insistir sobre as ideias por ele expressas em matéria de religião na obra* A religião nos limites da simples razão; *Kant não retratou suas ideias, mas calou-se.*

Publicou ainda *Para paz perpétua* (1795) e *A metafísica dos costumes* (1797). Ainda que de difícil leitura e compreensão por conta da riqueza de detalhes e precisão conceitual, todas estas obras nos retratam a importância de Kant para a história da filosofia e as propostas do seu criticismo** transcendental. Em seus últimos anos, vivendo em um silêncio ainda mais profundo, ficou praticamente cego, perdendo também aos poucos a memória e a lucidez. Morreu dessa forma em 1804.

Kant se consagrou como um dos principais pensadores da modernidade. Ao propor uma síntese entre os pressupostos do racionalismo e do empirismo, escreveu seu nome na história e passou a influenciar gerações de filósofos que se dividiram entre admiradores e críticos de suas

---

*   A vasta obra de Kant se divide em dois grupos de escritos: pré-críticos e críticos, em que expõe sua filosofia "crítica", já perfeitamente delineada e madura.

** Kant utiliza a palavra *crítica* em seu sentido original, que, para os gregos, significava o estudo das condições de possibilidade de algo; é a análise da estrutura da razão humana como atividade teórica de conhecimento.

ideias. Tamanha foi sua contribuição que até hoje há inúmeras escolas e pesquisadores dedicados a compreender a grandeza de seu trabalho.

Para discutir

> *Durante o iluminismo,* houve grande exaltação da razão; para muitos pensadores, seu uso não encontraria limites e somente por meio dela o ser humano alcançaria a felicidade plena. O uso da razão não tem limites? Se pela razão a totalidade dos homens chegaria à felicidade plena, por que ainda existem pessoas que vivem na miséria? O progresso e os frutos da razão chegaram a todos os indivíduos? Como salvaguardar a importância dos sentimentos? Como não perder a sensibilidade diante do uso exacerbado da razão?

5.2
Crítica da razão pura

A *Crítica da razão pura* é uma das obras essenciais de Kant. Publicada em 1781, é sua principal obra sobre teoria do conhecimento, considerada uma das mais influentes na história da filosofia, despertando ao mesmo tempo o apreço e a rejeição de inúmeros pensadores na época e na posteridade. Ao longo das páginas, o filósofo manifesta o desejo de tecer uma crítica à faculdade da razão em geral, com vistas a todos os conhecimentos que ela pode atingir, independentemente de toda a experiência.

Preocupado com os rumos da filosofia, questiona o que de fato podemos saber e deseja descobrir os limites do conhecimento humano e até onde nossa mente pode chegar diante dos questionamentos sobre a origem de todas as coisas e do mundo. A obra representa o esforço do pensador em conciliar de modo original alguns dos pressupostos racionalistas e empiristas. No prefácio da segunda edição, Kant (1983, p. 14) diz:

> O objetivo desta Crítica da razão pura especulativa consiste naquela tentativa de transformar o procedimento tradicional da Metafísica e promover através disso uma completa revolução da mesma segundo o exemplo dos geômetras e investigadores da natureza. É um tratado do método e não um sistema da ciência mesma; não obstante traça como que todo o seu contorno, tendo em vista tanto os seus limites como também toda a sua estrutura interna.

Fazendo um paralelo com a revolução copernicana, Kant propõe a mudança de enfoque no objeto: antes a mente deveria se adaptar ao objeto, mas, para ele, o objeto deveria se adaptar à mente, a qual organiza o material que recebe da sensação* de acordo com as formas do espaço e do tempo**. Contra posturas dogmáticas e céticas, Kant estabeleceu que todo ato de conhecer tem duas fontes: sensibilidade e entendimento. Mas se a experiência é a origem do ato, nem por isso se deve concluir, como os empiristas, que o conhecer pode ser reduzido aos atos da percepção: o objeto é dado à sensibilidade na forma de intuições sensíveis, mas é pensado pelo entendimento na forma de conceitos.

A *Crítica* está, então, dividida em duas grandes partes, como demonstra Huisman (2000, p. 99):

> 1. *A estética transcendental*: é a primeira parte do esforço kantiano que tem por objetivo descobrir como é possível o conhecimento e quais são os seus limites. Ela se

---

*   A sensação no pensamento kantiano é o efeito de um objeto sobre a capacidade de representação na medida em que somos afetados por ele.
** Por conhecimento *a priori* Kant (1983, p. 53) entende "um tal conhecimento independente da experiência e mesmo de todas as impressões dos sentidos", formas universais e necessárias, como espaço e tempo.

ocupa da sensibilidade e tenta elucidar quais são suas formas a priori. *Somente com essa parte o conhecimento não seria possível, pois ele surge da união da sensibilidade com o entendimento. A sensibilidade fornece as formas* a priori *e o entendimento fornece as categorias ou conceitos* a priori *que são os responsáveis para a manipulação do múltiplo sensível que é dado.* 2. *A analítica transcendental: na segunda parte de sua obra, depois de tratar das condições da sensibilidade que inicialmente tornam o conhecimento possível, Kant passa a tratar da constituição e operações do entendimento, entendido como a faculdade de pensar, isto é, de submeter regras as representações dos sentidos. Caminho que ele propõe a seguir é o da decomposição da faculdade do entendimento em seus elementos puros, já originados no seu interior.*

Tomando esse caminho, Kant passou a investigar a possibilidade de fazer uso legítimo do entendimento em geral, visando apresentar a plausibilidade de juízos sintéticos *a priori*. De acordo com Huisman (2000), esta é uma das perguntas mais importantes de *Crítica da razão pura*: "Como são possíveis os juízos sintéticos *a priori*?".

5.2.1 Juízos teóricos

O conhecimento científico, verdadeiro, consta fundamentalmente de proposições ou de juízos universais e necessários. Um juízo, por sua vez, consiste na conexão de dois conceitos, em que um desempenha a função de sujeito e outro, a função de predicado. De acordo com Cotrim (2008, p. 161), os juízos são classificados por Kant em dois tipos:

> 1. *Juízo analítico: aquele em que o predicado já está contido no conceito de sujeito. Ou seja, basta analisar o sujeito para deduzir o predicado. Exemplo: a afirmação "O quadrado tem quatro lados". Analisando o sujeito da afirmação, quadrado, deduzimos necessariamente o predicado: tem quatro lados. Kant também chamava os juízos analíticos de juízos de elucidação, pois o predicado simplesmente elucida algo que já estava contido no conceito do sujeito.*

2. Juízo sintético: aquele em que o predicado não está contido no conceito do sujeito. Nesses juízos, acrescenta-se ao sujeito algo de novo, que é o predicado. Assim, os juízos sintéticos enriquecem nossas informações e ampliam o conhecimento. Por isso, Kant também os denominava juízos de ampliação. Exemplo: a afirmação "Os corpos se movimentam". Por mais que analisemos o conceito de corpo (sujeito), não extrairemos dele a informação representada pelo predicado "se movimentam". Por fim, analisando o valor de cada juízo, Kant distingue três categorias: juízo analítico (*universal e necessário*), juízo sintético a posteriori (*amplia o conhecimento sobre o sujeito*) e juízo sintético a priori (*como não está limitado a experiência, é um juízo necessário e universal, para Kant o mais importante*).

Dessa maneira, nem racionalismo dogmático nem empirismo, mas sim um racionalismo crítico, ou *criticismo*, é de que trata a primeira grande crítica de Kant. A ciência é uma construção humana e a razão deve buscar na natureza a conformidade que ela mesmo coloca. Os *a priori* se referem à antecipação da forma de uma experiência possível em geral; já *transcendental* se refere às estruturas *a priori* da sensibilidade e do intelecto humano, sem os quais não é possível nenhuma experiência de nenhum objeto.

Sensação e entendimento são condições fundamentais para a produção do conhecimento; é aquilo que o sujeito põe nas coisas no próprio ato de conhecê-las. Por isso, no que diz respeito à razão pura, as ideias não são objetos cognoscíveis, não podem ser conhecidas pelos homens porque, apesar de serem objetos pensáveis, não podem ser intuídas; por exemplo, Deus, alma e mundo. Em síntese, "O resultado de toda a *Crítica da razão pura*, portanto, é que uma metafísica como **ciência** é impossível, porque a síntese *a priori* metafísica pressuporia um intelecto intuitivo, isto é, um intelecto diferente do intelecto humano" (Reale; Antiseri, 2009a, p. 355).

Para Reale e Antiseri (2009a, p. 355), no que se refere às ideias, elas "não têm um uso constitutivo de conhecimentos", como as categorias, mas "podem ser usadas corretamente de modo regulador, isto é, como esquemas para ordenar a experiência e para dar-lhe maior unidade possível, como regras para sistematizar os fenômenos de modo orgânico". Ainda de acordo com Reale e Antiseri (2009a, p. 355, grifo do original),

> As ideias **não** alargam, portanto, nosso conhecimento dos fenômenos, mas simplesmente **unificam** o conhecimento, regulando-o organicamente; e tal unidade é a unidade do sistema, que serve para promover e estimular o intelecto na busca ao infinito. Este é justamente o uso positivo da razão e das ideias. Ao númeno, todavia, há uma via de acesso: é a via da ética. A razão e as ideias, com efeito, fornecem a passagem natural do âmbito teórico para o prático.

Para Kant, a construção filosófica passou a representar uma superação do racionalismo e do empirismo, "pois argumentava que o conhecimento é resultado de dois grandes ramos: a sensibilidade, que nos oferece dados dos objetos; e o entendimento, que determina as condições pelas quais o objeto é pensado" (Cotrim, 2008, p. 163).

Para pesquisar

Busque mais exemplos sobre a diferenciação e a aplicabilidade dos juízos analíticos e sintéticos com base no pensamento de Kant.

5.3
Crítica da razão prática e a ética de Kant

A *Crítica da razão prática* foi publicada em 1788 e é a segunda das três críticas kantianas, com o objetivo de dar continuidade à investigação sobre os princípios da moral, discussão que teve início em 1785 com a publicação de *Fundamentação da metafísica dos costumes*. No âmago de suas reflexões, Kant analisou as condições de possibilidade para uma moral de caráter universal e apresentou mais uma vez o imperativo categórico, forma da lei moral para uma vontade imperfeita.

Conforme os imperativos "Age como se a máxima da tua ação se devesse tornar, pela tua vontade, em lei universal da natureza" (Kant, 2007, p. 59) e "Age de tal maneira que uses a humanidade, tanto na tua pessoa como na pessoa de qualquer outro, sempre e simultaneamente como fim e nunca simplesmente como meio" (Kant, 2007, p. 69), a autonomia da razão para legislar supõe a liberdade e o dever, ou seja, todo imperativo se impõe como dever, mas essa exigência não é heterônoma. Na visão de Kant, a razão prática se refere ao instrumento para o mundo dos costumes e para orientar o indivíduo em sua ação (Aranha; Martins, 2003).

Analisando os princípios e os pressupostos da consciência moral, o filósofo alemão concluiu "que a vontade humana é verdadeiramente moral quando regida por *imperativos categóricos*", que recebem essa nomenclatura por serem incondicionados, absolutos, "voltados para a realização da ação tendo em vista o dever" (Aranha; Martins, 2003, p. 354, grifo nosso). Segundo Aranha e Martins (2003, p. 354), Kant desconsidera

> *as concepções morais que predominam até então, quer seja da filosofia grega, quer seja da cristã, e que norteiam a ação moral a partir de condicionantes como a felicidade ou o interesse. Por exemplo, não faz sentido agir bem com o objetivo de ser feliz ou evitar a dor, ou ainda para alcançar o céu ou não merecer a punição divina. O agir moralmente se funda exclusivamente na razão. A lei moral que a razão descobre é universal, pois não se trata de descoberta subjetiva (mas do homem enquanto ser racional), e é necessária, pois é ela que preserva a dignidade dos homens.*

A lei moral não está atrelada ao conteúdo daquilo que se deve fazer, se é algo positivo ou negativo. Na perspectiva kantiana, vincular a lei moral ao conteúdo pode nos fazer incorrer no empirismo e no utilitarismo. No utilitarismo, o agir está vinculado ao maior bem que ele pode proporcionar ou ao menor mal que ele pode causar. Na essência, o imperativo de Kant está relacionado a cumprir o dever pelo dever, ao seu aspecto racional. A moral, nessa perspectiva, deve ser compreendida como a adequação à norma da lei. Nas palavras de Reale e Antiseri (2009a, p. 376):

1. *"Age de modo que a máxima (o princípio prático subjetivo) de tua vontade possa valer sempre, ao mesmo tempo, como princípio de uma legislação universal" (objetiva).*

Na Fundamentação da metafísica dos costumes *lêem-se também outras duas fórmulas:*

2. *"Age de modo a considerar a humanidade, tanto em tua pessoa como na pessoa de qualquer outro, sempre também como finalidade, e jamais como simples meio".*

3. *"Age de modo que a vontade, com a sua máxima, possa se considerar como universalmente legisladora em relação a si própria".*

No bojo de suas preocupações, podemos dizer que a Crítica da razão prática tem por objetivo demonstrar que a razão pode, por si mesma, mover a vontade dos homens no sentido de cumprirem o seu dever. Somente pelo uso da razão é que podem existir princípios morais válidos para todos os seres humanos. Os imperativos categóricos contra todo tipo de moral metafísica, religiosa ou utilitarista são os únicos que constituem leis práticas para o homem no exercício de sua racionalidade.

5.3.1 Imperativo categórico

Partindo do princípio moral de "não roubar", a ética kantiana se difere das demais. Para o cristianismo, não roubar está fundamentado normativamente nos mandamentos divinos; para os pensadores jusnaturalistas, o fundamento normativo está no direito natural, comum a todos os seres humanos; para os empiristas, não roubar deriva do interesse próprio, pois, uma vez que o sujeito desobedece à norma, é submetido a processos coercitivos, como a prisão (Aranha; Martins, 2003). "Para Kant, a norma se enraíza na própria natureza da razão" (Aranha; Martins, 2003, p. 354). Ao ser conivente com essa prática criminosa e enriquecer com ela, elevando a máxima pessoal ao nível universal, há "uma contradição: se todos podem roubar, não há como manter a posse do que foi furtado" (Aranha; Martins, 2003, p. 354). Conforme Aranha e Martins (2003), a concepção moral kantiana é, portanto, formalista porque se fundamenta na razão universal, abstrata. "O pensamento de Kant fornece as categorias da moral iluminista racional, laica, acentuando o caráter pessoal da liberdade" (Aranha; Martins, 2003, p. 354).

O imperativo categórico pode ser pensado como uma proposição na qual a vontade é determinada, a princípio, de modo objetivo. Nessa linha de pensamento, é possível afirmar que a razão pura é, em si própria, prática, pois é capaz de determinar a vontade sem influências externas. Conceber a existência da lei moral nesses termos é vinculá-la à consciência como um fato da razão. Para Kant, a liberdade está condicionada, antes de tudo, ao desejo e à vontade de cumprir o dever. Livre é aquele que age de acordo com o cumprimento dos seus deveres.

O conceito de dever implica necessariamente a existência da liberdade, por meio da qual cada indivíduo pode se desenvolver do ponto de vista moral. Kant pensava a importância da liberdade e sua relação com a lei moral:

> *A liberdade, entendida: a) como independência da vontade em relação à lei natural dos fenômenos e b) como independência dos conteúdos da lei moral, é a liberdade em sentido negativo (no sentido daquilo que ela exclui). Além disso, entendida c) como*

capacidade da vontade de determinar-se por si, de se autodeterminar, ela é a liberdade em sentido positivo e específico. Este aspecto positivo é chamado por Kant de autonomia, cujo contrário é a heteronomia. Ora, todas as éticas que se fundam sobre conteúdos comprometem a autonomia da vontade, implicam uma dependência dela em relação às coisas e, portanto, comportam a heteronomia da vontade. (Reale; Antiseri, 2009a, p. 377)

Ao refletir sobre o agir humano, Kant insiste que a verdadeira ética não deve se fundamentar na busca pela felicidade. Para o filósofo alemão, mais do que pensar na felicidade, o homem deve agir unicamente pelo puro dever. O bem e o mal, a realização e a felicidade, o céu ou o inferno, não podem influenciar no agir moral das pessoas. Ao contrário, é agindo primeiramente conforme a razão que brota a lei moral e o conceito de bem. Para ser moral, uma ação deve ter na sua base a lei, e não qualquer outro tipo de sentimento. A ética kantiana se distancia das demais compreensões éticas por estar vinculada basicamente à ideia de um agir pelo dever, e não em vista de receber recompensas divinas ou humanas, agradar ou desagradar os outros. Aqui reside o fundamento da organização social, que começa nos hábitos, nos costumes e na cultura de um povo, mas deve passar pelo crivo da reflexão crítica do ser racional e consciente (Reale; Antiseri, 1990).

Para debater

> *Vivendo em mundo* cada vez mais hedonista, no qual as pessoas agem normalmente em função de seus interesses, quais discussões poderiam ser levantadas com base na ética kantiana do "dever"? Em grupo, debata sobre como seria o país se as pessoas agissem mais segundo os critérios da razão e menos sob impulsos e desejos pessoais? A ética do dever poderia ser pensada como uma moral universal?

5.4
Crítica do juízo

A *Crítica do Juízo* é a terceira e última das três grandes críticas kantianas, publicada em 1790. Kant se ocupa, em primeiro lugar, do julgamento estético, expressando de maneira lógica muitas ideias e doutrinas dos estetas ingleses do século XVIII e modelando-as em um sistema coerente. O filósofo passou a diferenciar a base lógica do juízo estético em relação ao juízos de outras formas de prazer. Nesse processo, evidenciou a importância dos juízos de utilidade e de bondade, e, na tessitura de seus argumentos, determinou também a desvinculação entre a percepção estética e as formas de pensamento (conceitos). Colocando-se em rota de colisão com a estética cartesiana, para Kant, mais do que um conceito, o belo é aquilo que agrada, o resultado da contemplação, da relação entre o sujeito e um objeto.

A beleza pode ser pensada mediante dois prismas: primeiro, a beleza livre, que independe de conceitos; segundo, a beleza que depende de conceitoscomo o da perfeição. Na estética kantiana, os juízos estão ligados à primeira compreensão sobre a beleza. O belo, nessa perspectiva, está ligado única e exclusivamente ao sensível. O gosto passa a estar vinculado à capacidade de julgar um objeto, e o objeto de sua satisfação recebe o nome de belo.

A *Crítica do juízo* demonstra o esforço kantiano em mediar o mundo das coisas tal qual nos aparecem (mundo fenomênico) e o mundo das coisas como são em si mesmas (mundo numênico), evidenciando, de algum modo, sua unidade. O que permite passar do domínio da natureza para o domínio da liberdade, entre outras palavras, Kant denominou *faculdade do juízo*. Conforme *Reale e Antiseri* (2009a, p. 390):

Ora, o princípio-guia a priori que nos juízos reflexivos singulares permite remontar do particular até o universal "procurado" é a hipótese da finalidade da natureza, segundo uma unidade tal qual poderia ter sido estabelecida por um intelecto divino. E é possível encontrar o finalismo da natureza de dois modos: refletindo sobre a beleza (juízo estético), ou então refletindo sobre a ordem da natureza (juízo teleológico).

O juízo, que é em geral a faculdade de assumir o particular no universal, pode ser determinante quando são dados tanto o particular quanto o universal – e o objeto é, portanto, determinado cognoscitivamente – ou, então, de modo reflexivo, quando é dado apenas o particular e falta uma lei universal e objetiva à qual referi-lo.

5.4.1 Juízo estético

No pensamento kantiano, o juízo estético está ligado ao conceito de belo, e este nasce da relação dos objetos com o nosso sentimento de prazer. O conceito de prazer, segundo Reale e Antiseri (2009a, p. 390), divide-se da seguinte forma:

1. *um prazer desinteressado;*
2. *um prazer universal (subjetivo) e não conceitual;*
3. *a forma da finalidade de um objeto, entendida como ideia de um acordo quase intencional das partes em um todo harmônico;*
4. *um prazer necessário subjetivo.*

Nesse sentido, o belo é capaz produzir harmonia, em um jogo capaz de relacionar em si a fantasia e o intelecto.

Enquanto o belo se refere à forma do objeto, o sublime, conceito tão importante na estética kantiana, está ligado àquilo que é informe e pede a representação do ilimitado. Podemos afirmar que o sublime não está nas coisas, mas no homem, que o eleva a um sentimento superior.

Entre as discussões sobre o que é a natureza em si mesma e como devemos considerá-la, é importante salientar que há muitos motivos para considerar o homem como sua finalidade.

Aqui, encontramos uma das principais contribuições do pensamento kantiano para a filosofia contemporânea. Ainda que finito, o homem carrega dentro de si o infinito como um ser de abertura (Reale; Antiseri, 2009a). Ao refletir sobre o belo, o sublime, o espírito humano, bem como sobre os limites da razão, Kant lançou bases para que a "era das luzes" pudesse ceder espaço ao romantismo e ao idealismo alemães. Voltando-se para o infinito, o homem passou a ver nas artes e na redescoberta dos sentimentos um novo caminho para a realização e a felicidade.

Para pensar

> *Na estética kantiana,* há um reconhecimento do indivíduo na compreensão daquilo que é considerado belo e sublime. Mais do que um conceito, a beleza é resultado da interação ente o sujeito e o objeto. Reflita sobre a importância de se reconhecer o papel da subjetividade na compreensão do belo e do sublime e quais mudanças essa nova mentalidade proporcionou para as artes moderna e contemporânea.

5.5
Contribuição das escolas pós-kantianas

Após percorrer, ainda que de modo sucinto, os argumentos do criticismo kantiano, podemos constatar a grandeza e a excelência de seu pensamento. Para Kant, no pensamento converge e se compõe um fenomenismo absoluto, racionalista e empírico. Tamanha foi sua contribuição que, mesmo após a sua morte, suas ideias e seus argumentos no campo do conhecimento, da lei moral e do comportamento ético, da estética e da experiência, do belo e do sublime permaneceram vivos por meio de seus seguidores, de escolas filosóficas e, especialmente, pelos movimentos romântico e idealista alemães.

Advogando em favor da criatividade do sujeito e da autonomia do espírito humano, o romantismo e o idealismo alemães possibilitaram um novo olhar sobre o pensamento filosófico de Kant, reintroduzindo-o aos círculos de discussão sobre o significado da história, o desenvolvimento de um pensamento nacionalista, a grandeza do espírito humano e a revalorização dos sentimentos na compreensão e na composição da arte. Tais desdobramentos deram vasão ao surgimento de inúmeras escolas e correntes de pensamento, entre as quais se destacaram a Escola de Marburgo e a Escola de Baden, que propuseram retorno e discussão de elementos fundamentais da filosofia de Kant.

Entre os pensadores da Escola neokantiana de Marburgo, representada por Hermann Cohen (1842-1918), Paul Natorp (1854-1924) e Ernest Cassirer (1874-1945), havia uma recusa na identificação psicológica entre o *a priori* kantiano e o inato para privilegiar a epistemologia e a cultura. Para os pertencentes à Escola de Baden, representada por Wilhelm Windelband (1848-1915) e Heinrich Rickert (1863-1936), houve esforço para desenvolver uma filosofia de valores, separando de maneira rigorosa as ciências da natureza das ciências da cultura.

O neokantismo foi difundido na França, entre as duas guerras, por Charles Renouvier (1815-1903), Jules Lachelier (1832-1918) e Léon Brunschvicg (1869-1944), mas foi principalmente nas investigações fenomenológicas de Edmund Husserl (1859-1938) que o conceito de filosofia transcendental continuou se desenvolvendo e produzindo frutos.

5.5.1 Escola de Marburgo

A Escola de Marburgo se caracterizou pelo empenho de renovação do kantismo e pelo propósito de fixar uma distância entre a filosofia e a ciência. No entanto, o projeto foi iniciado por Cohen, que não observou a especificidade das ciências e se notabilizou pelos estudos sobre Kant e Platão, divulgados por seu discípulo Natorp, deixando de lado a aplicação do método transcendental a diferentes campos. A história foi esquecida, o que exigiu de Rickert e de Windelband um trabalho de classificação e de diferenciação das ciências (Carvalho, 1999).

Esses autores focaram na importância de superar os ditos *impasses* do kantismo, rejeitando a existência da coisa-em-si e descartando a sensação como fonte do conhecimento (Carvalho, 2001). Conforme Carvalho (2001, p. 46), "O resultado foi a organização de um idealismo bem mais radical que o de Kant, sem chegar a ser semelhante ao movimento liderado por Fichte, Schelling e Hegel, pois admitiam um componente irracional na realidade". Em termos filosóficos, o neokantismo atingiu seu ápice com a Escola de Marburgo.

Além dos esforços de Cohen, de Natorp e de Cassirer, destacaram-se ainda Rudolf Stammler (1856-1938), adepto de uma doutrina formalista do direito, e Franz Staudinger (1849-1921) e Karl Vorländer (1860-1928), que tentaram aproximar o neokantismo do marxismo. Uma das principais características dessa escola foi salvaguardar o Kant da razão pura e das leis lógicas.

5.5.2 Escola de Baden

A Escola de Baden, também reconhecida como *Süddeutsche Schule* (Escola do Sul da Alemanha), desenvolveu profunda crítica ao posicionamento racionalista da Escola de Marburgo. Entre suas preocupações estava a distinção entre as ciências da natureza e as ciências do espírito, entre a natureza e a cultura, entre o ser e o dever ser, e entre o método generalizador e o descritivo e individualizador. Para Feijó (2000, p. 103):

> *Os filósofos neokantianos da Escola de Baden, como Windelbrand e Rickert, centralizaram em suas reflexões a questão da possibilidade de uma compreensão objetiva da história. Eles acreditavam que a descrição dos processos históricos pela teoria poderia ser tida como verdadeira no sentido kantiano de verdade como correspondência entre conceitos categóricos e fenômenos empíricos. Os neokantianos substituem o conceito de verdade apodítica pela noção de validade. Então o discurso histórico precisa ser validado objetivamente e eles apelam para o senso comum como um meio de garantir a validade da descrição histórica.*

Uma das principais virtudes da Escola de Baden foi preservar o Kant da razão prática e as leis axiológicas. Até aproximadamente 1913, tais escolas tiveram grande influência na Alemanha e em outros países, como a França. Com o passar do tempo, foram perdendo a força e a influência por ocasião do florescimento de novas correntes filosóficas, como a fenomenologia e o neopositivismo, mais preocupadas com a explicitação dos fenômenos e de uma argumentação científica mais voltada para a lógica. Contudo, ainda que uma quantidade significativa de pensadores neokantianos tenha migrado para novas correntes filosóficas, por meio de tudo o que filosofia de Kant representou para a história do pensamento moderno, suas discussões e suas influências atravessaram inúmeras gerações, mantendo o vigor e a beleza de suas ideias até o presente momento.

Para conversar

> O *criticismo kantiano* marcou profundamente a história do pensamento moderno. Em diálogo com estudantes, trate sobre temas como teoria do conhecimento, ética e moral, concepção estética, antes e depois de Kant, demarcando sua contribuição para o desenvolvimento das filosofias moderna e contemporânea.

Síntese

Com uma das principais marcas da modernidade, o Iluminismo despontou como a filosofia da razão, das luzes, do esclarecimento, da superação de todo tipo de condicionamento, seja político, seja religioso, em vista da autonomia e da liberdade do sujeito. Acreditando no potencial do pensamento humano e na grandeza de suas realizações, houve uma série de transformações em todos os setores da sociedade, especialmente no campo das ciências naturais, da arte, da filosofia, das teorias do conhecimento e da política, uma vez que esse período marcou a ascensão da burguesia e das novas formas de produção e de comércio. Em meio ao furor e ao otimismo do Iluminismo, tivemos Kant e sua filosofia criticista. Buscando conciliar empiristas e racionalistas, ofereceu um caminho primoroso para o problema e a busca do conhecimento.

Partindo do Iluminismo e de suas vertentes, neste capítulo analisamos a grandeza e o alcance de suas proposições, especialmente em relação à emancipação e à autonomia do sujeito perante tudo que poderia representar uma prisão ou a limitação de suas possibilidades pela razão. Ao adentrar propriamente o criticismo kantiano, refletimos, em *Crítica da razão pura*, sobre as formas e os limites do conhecimento humano, bem como sobre a formação de ideias e de juízos analíticos e sintéticos. Em *Crítica da razão prática*, descobrimos o significado e as implicações do imperativo categórico que nos faz agir pelo dever por meio da razão, a ter um comportamento que se baseia naquilo que é um valor e um bem universal, ou seja, vislumbramos o essencial para a ética kantiana. Em *Crítica do juízo*, perpassamos os conceitos de belo e de sublime, reconhecendo a grandeza do espírito humano e sua abertura para o infinito, elementos fundamentais que foram retomados posteriormente pelo romantismo.

Por fim, tivemos a oportunidade de conhecer duas das principais escolas neokantianas, que, em meio a diferenças e particularidades, buscaram manter vivo o pensamento, a obra e os conceitos fundamentais da filosofia de Kant.

Indicações culturais

Filmes

O AMANTE da rainha (A Royal Affair). Direção: Nikolaj Arcel. República Tcheca, 2012. 137 min.

Cunhado na modernidade, aos poucos o Iluminismo espalhou suas ideias por toda a Europa. O filme retrata a Dinamarca no fim do século XVIII, governada por Christian VII, mentalmente instável. A trama de se dá a partir da chegada do médico alemão Struensee, ligado a ideias iluministas, que convence o rei a adotar leis mais liberais. O grande perigo é seu relacionamento secreto com a rainha Caroline Mathilde.

O PACTO dos lobos (Le Pacte des loups). Direção: Christophe Gans. França, 2002. 142 min.

Enviado pelo rei a uma região rural para investigar o ataque de uma fera, o renomado biólogo Gévaudan precisa enfrentar a ignorância, a conspiração e a intolerância de uma sociedade decadente e em choque com os princípios do Iluminismo. O filme retrata as tensões entre as propostas iluministas e os resquícios conservadores da sociedade.

TEMPOS modernos. Direção: Charles Chaplin. EUA, 1936. 83 min.

Em meio ao mundo moderno e industrializado, um operário, vivido por Charlie Chaplin, busca sobreviver às exaustivas e repetitivas horas e formas de trabalho. O filme é considerado uma crítica ao capitalismo neoliberal, ao stalinismo, ao nazifascismo, ao fordismo e ao imperialismo, bem como às condições precárias e ao tratamento recebido pelos operários durante a Revolução Industrial.

Livro

KANT, I. Resposta à pergunta: que é "esclarecimento"? In: _____. **Textos seletos**. Tradução de Raimundo Vier e Floriano de Sousa Fernandes. Edição bilíngue. Petrópolis: Vozes, 1985. p. 100-116. Immanuel Kant foi um dos maiores pensadores da história da filosofia. Parte importante do pensamento contemporâneo, suas ideias, suas análises e suas reflexões continuam a influenciar até hoje os rumos da filosofia em todas as partes do mundo. Preceptor da "era das luzes", considerava que o maior direito da humanidade consistia em viver de maneira racional e em comunhão com a verdade. Partindo dessa convicção, em um de seus textos procurou responder "o que é esclarecimento", que, em última análise, é a saída do homem de sua menoridade, a capacidade de tomar decisões autônomas segundo seu próprio juízo. Esse texto traduz significativamente o culto à razão prestado pelo Iluminismo.

Atividades de autoavaliação

1. O Iluminismo é considerado a "era das luzes" por defender como imprescindível o uso da razão na busca de respostas a questões que dizem respeito à filosofia e ao desenvolvimento humano. Considere as seguintes assertivas:

    I) A razão é capaz de evolução e de progresso. O homem é capaz de se libertar de todos os tipos de preconceitos.

    II) A razão é um produto do processo de industrialização moderno e sua principal consequência foi a insensibilidade humana.

III) A razão levou a um maior aprofundamento das ciências biológicas e das ideias sobre a evolução.

Assinale a alternativa que apresenta a resposta correta:

   a) As assertivas I e III são verdadeiras.
   b) Todas as assertivas são verdadeiras.
   c) Nenhuma das assertivas é verdadeira.
   d) Somente a assertiva II é verdadeira.

2. Descartes, Locke e Hume foram pensadores extremamente importantes para o desenvolvimento da filosofia moderna. Assinale a alternativa em que a sequência de temas corresponde corretamente à sequência de filósofos apresentada:
   a) Empirismo; racionalismo; metafísica.
   b) Racionalismo; nominalismo; empirismo.
   c) Transcendência; empirismo; metafísica.
   d) Racionalismo; empirismo; princípio de causalidade.

3. Kant "despertou do sono dogmático" em que estavam mergulhados os filósofos anteriores, já que não questionavam a existência da realidade nem duvidam que as ideias da razão correspondessem à realidade. Com base nessas informações, marque a alternativa que corresponde corretamente ao método kantiano:
   a) Dogmatismo cartesiano.
   b) Empirismo crítico.
   c) Criticismo.
   d) Criticismo racionalista.

4. No fragmento "fraqueza e covardia são as causas pelas quais a maioria das pessoas permanece infantil mesmo tendo condição de libertar-se da tutela mental alheia. Por isso, fica fácil para alguns exercer o papel de tutores, pois muitas pessoas, por comodismo, não desejam se tornar adultas", Kant buscou descrever o que é o esclarecimento, tratando da importância:

   a) da religião.
   b) da razão.
   c) dos bons costumes.
   d) do juízo.

5. Em sua teoria do conhecimento, Kant faz uso de alguns pressupostos do racionalismo e do empirismo. De acordo com seu pensamento, considere as seguintes assertivas:

   I) Para conhecer, é preciso pensar somente com base em conceitos concretos.
   II) Só existem juízos analíticos.
   III) No processo de conhecimento, a mente é totalmente passiva.
   IV) A teoria kantiana só leva em conta a experiência na construção do conhecimento.
   V) O ato de conhecer se distingue em duas formas básicas: conhecimento empírico e conhecimento puro.

   Assinale a alternativa que apresenta a resposta correta:

   a) As assertivas II e V são verdadeiras.
   b) As assertivas I e IV são verdadeiras.
   c) Somente a assertiva IV é falsa.
   d) As assertivas I, II, III e IV são falsas.

Atividades de aprendizagem

Questões para reflexão

1. O iluminismo foi uma importante corrente filosófica durante a modernidade. Pela razão, acreditava-se que o ser humano poderia se libertar da ignorância e da menoridade. Descreva o que seria o conceito de esclarecimento com base nessa ótica de pensamento.

2. No início de suas reflexões sobre a teoria do conhecimento, Kant reconheceu a importância de Hume em sua trajetória, afirmando que graças ao filósofo inglês pôde "despertar do sono dogmático". O que seria tal sono?

3. Qual é a importância da sensibilidade e do entendimento para o pensamento kantiano?

4. Qual foi o principal motivo que levou Kant a escrever *Crítica da razão pura*?

5. Estabeleça a relação existente entre razão e ética com base em *Crítica da razão prática*.

6. Descreva o significado da estética kantiana.

7. Aponte a principal característica do criticismo kantiano.

Atividade aplicada: prática

1. Kant foi um dos maiores pensadores da história da filosofia e viveu uma rotina extremamente disciplinada e dedicada aos estudos filosóficos. Sua contribuição atravessou toda a modernidade e chegou aos dias atuais, nos quais seus argumentos são amplamente

discutidos. As críticas da razão pura, da razão prática e do juízo representam a grandiosidade de seu pensamento e buscam responder, entre outras questões, aos problemas do inatismo e do empirismo filosófico. Com o objetivo de ter uma visão sistemática e panorâmica de cada uma dessas críticas, elabore um esquema com as principais características e os temas abordados.

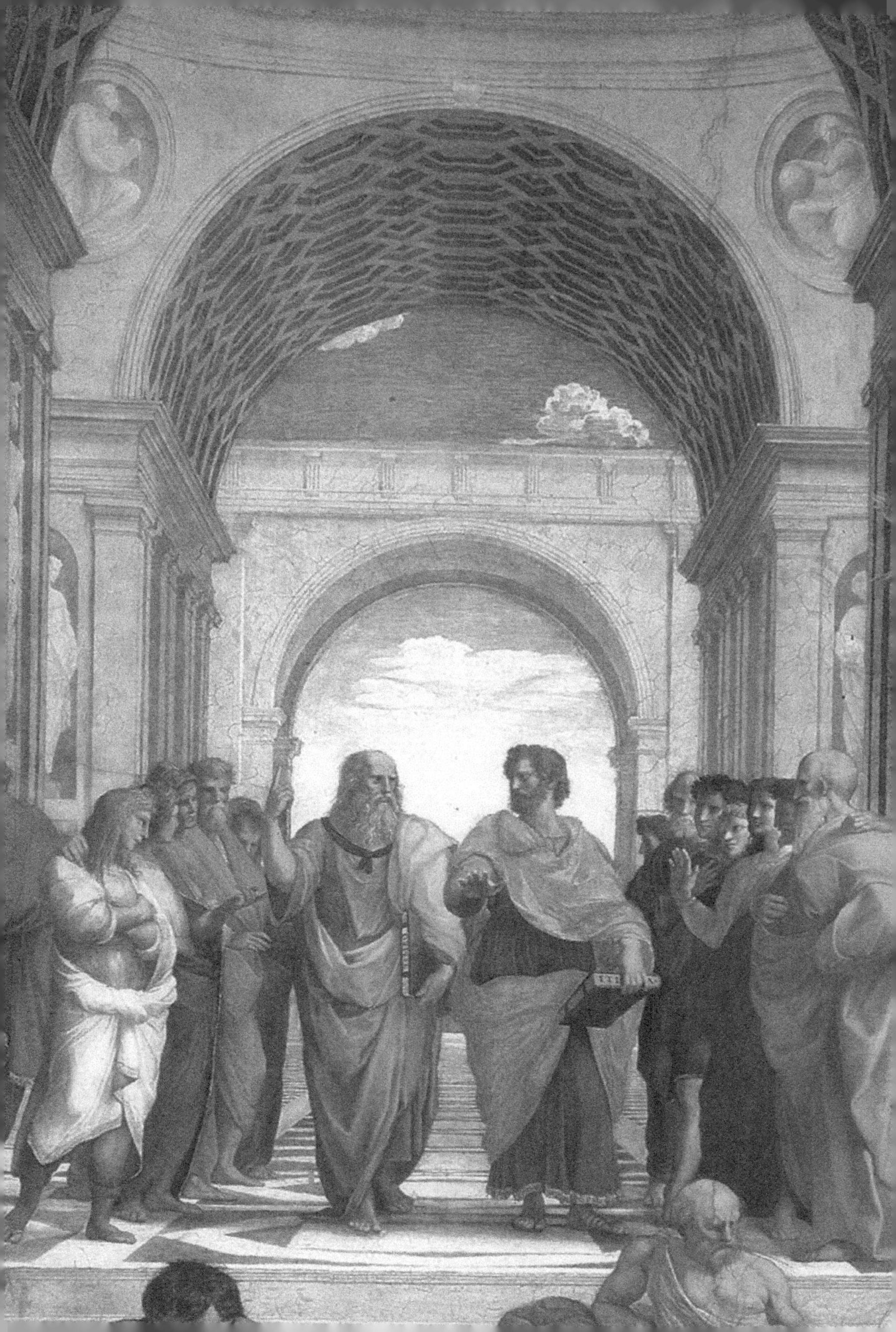

Romantismo e idealismo alemães

"Pode ser artista apenas aquele que tem uma religião própria, ou seja, uma intuição do infinito". (Friedrich Schlegel)

Após um longo período de exaltação da razão e das ciências experimentais, o romantismo e o idealismo alemães nasceram como movimentos que estabeleceram um distanciamento da modernidade, ou seja, de todo o pensamento desenvolvido no período histórico que se estendeu do Renascimento até a consolidação da racionalidade pura e, acima de qualquer suspeita, no Iluminismo. Dessa maneira, o conceito de esclarecimento e o papel central e fundamental da razão foram questionados pelos românticos e idealistas, tirando o homem do oásis construído com o advento da razão.

Com o iluminismo e as conquistas da modernidade, houve grande elevação do homem, colocado acima de todas as coisas, como senhor e centro do mundo e do Universo. Em contrapartida, os românticos e idealistas podem ser vistos pelo prisma de fragilidades, insignificâncias, limites, passando a valorizar aspectos irracionais, como sonhos, emoções, desejos que tocam a todos, que são maiores do que nós, superando a ideia de que podemos controlar todas as coisas e a nós mesmos somente pelos atributos da razão. Partindo desse princípio, até mesmo o conceito de racionalidade pura do período pós-iluminista pode ser questionado. Se o homem sofre, luta, chora e é receptor de tantas outras emoções, jamais a razão terá a primazia sobre o humano. A razão passou a ser pensada apenas como uma ínfima parte do real, que, segundo os românticos e idealistas, é irracional em sua maior parte.

Veremos, então, as principais características do romantismo e do idealismo, as contribuições de Rousseau e de Kant em sua gênese, seus principais pensadores e a nova concepção sobre arte, bem como seu papel na expressão de sentimentos, da existência e da interioridade humana.

6.1
Influências de Jean-Jacques Rousseau e Immanuel Kant

Ao nos propormos a estudar o romantismo e o idealismo alemães, inevitavelmente nos depararemos com as influências do pensamento de Jean-Jacques Rousseau (1712-1778) e de Immanuel Kant (1724-1804) na formulação de proposições, ideias e ideais, em especial em sua fase inicial. Voltando uma vez mais nosso olhar sobre a obra desses dois grandes pensadores da modernidade, verificaremos as raízes desse grande movimento que influenciou uma gama de intelectuais, artistas, filósofos, políticos, entre outros setores e aspectos da sociedade em geral.

Partindo do pressuposto de que o ser humano em sua origem é bom, Rousseau escreveu sobre o "bom selvagem", o indivíduo que não se corrompe pela artificialidade e pela sociedade, pois acreditava e defendia que a civilização corrompeu o homem colocando nele vontades não naturais, afastando-o de sua verdadeira natureza e de sua liberdade inata. Esse sentimento foi fundamental para os românticos idealistas pensarem em como o ser humano poderia redescobrir sua essência e seus valores naturais em uma sociedade artificial e racionalista.

Kant, por sua vez, acreditava que os seres humanos não enxergavam o mundo de maneira direta, e sim por meio de uma série de categorias. Assim, o homem não compreenderia as coisas "por si só", apenas por meio de seu ponto de vista humano, e por isso não apreendia sua totalidade. Tais posturas e contribuições, entre outros elementos, tornaram possível a incursão artística romântica na história com base em um profundo processo.

6.1.1 Rousseau

Desde a juventude e o início de seu pensamento filosófico, Rousseau não se entusiasmou profundamente com o Iluminismo e a totalidade de suas propostas. Acreditando na bondade e na beleza humana, colocou-se de modo reticente ante os atributos da razão e o desenvolvimento do Estado Moderno, que, em sua visão, vilipendiavam a condição natural dos seres humanos. Considerado um dos precursores do romantismo, Rousseau valorizou o sentimento em um ambiente preponderantemente racionalista. Sempre um apaixonado, expunha suas ideias de modo que revelava a carga emocional decorrente de uma sensibilidade exacerbada. Conforme Aranha e Martins (2003, p. 249), seus leitores deixavam-se "contagiar por esse espírito agitado".

Na construção de seu pensamentos sobre o romantismo, destacam-se o questionamento sobre a essência humana; a perversidade do sistema social; a proposta de uma revolução do amor e da amizade; a retomada da natureza e da condição humana primitiva, vista como oposto de infelicidade e de injustiça, sentimentos inerentes à engrenagem que impulsiona a máquina social. Em uma sociedade marcada por um constante processo de urbanização e de aglomeração de pessoas, o ser humano, para Rousseau, estava se distanciando cada vez mais de seu estado de natureza, de seu *habitat*. A contraposição entre a natureza, o espaço natural do ser humano e a sociedade, espaço no qual o ser humano é corrompido, foi projetada para o universo estético, levando a uma maior polarização temática entre o campo e a cidade. No desejo de elevar a representação da natureza ao centro da arte, como máxima expressão da realização humana, sem sombra de dúvidas o esforço e a influência de Rousseau foram fundamentais na evolução do tratamento dado a essa temática.

Valorizando o espaço da essência individual, o filósofo da natureza destituiu da paisagem o que ela tinha de meramente físico e a ela direcionou um olhar subjetivo, que transfigurou o mundo exterior no reflexo da subjetividade e da individualidade do próprio ser que a contempla. A natureza representada na arte deixou de ser apenas uma moldura e passou a representar a interioridade e a grandeza do espírito humano. Sobre esse aspecto, Moretto (1994, p. 16) frisa que "ninguém antes de Rousseau realizara a fusão entre o homem e a natureza a ponto de fazer dela o conteúdo da própria consciência. Pois o que impressionou os contemporâneos e preparou a literatura romântica foram os laços que ligam a paisagem e o estado de alma das personagens".

De fato, é inegável o papel fundamental de Rousseau nas primícias do movimento romântico. Mais estreita ainda é sua relação, tanto do ponto de vista formal quanto temático, com *Os sofrimentos do jovem Werther*, de Goethe. O romance epistolar de Johann Wolfgang von Goethe (1749-1832) traz à tona o mesmo sentimentalismo e a sensibilidade que envolveram a obra de Rousseau. As cartas que compõem o livro pertencem somente ao jovem Werther, não há um interlocutor com quem se corresponda, o que revela um movimento de escrita semelhante à construção de um diário, que tem na solidão do protagonista um cenário em que a luz do devaneio prevalece sobre a realidade penumbrosa.

6.1.2 Kant

Em seu esforço crítico para entender as capacidades e os limites da razão humana por meio de sua estética, Kant proporcionou um novo olhar *no* e *para* o mundo. Com suas reflexões e ideias, propôs e proporcionou para pensadores e artistas um modo de entender o mundo pela percepção do sujeito, uma vez que este passou a ser compreendido não mais como isolado ou submisso às vontades das deidades (divindades), mas com base em valores aprioristicos (naturais e próprios).

Com liberdade e autonomia, o ser humano foi convidado e convocado a colocar a criatividade do espírito humano em prática. O olhar estético de Kant, absorvido e aprendido pelos românticos, proporcionou uma nova cosmovisão, vinculada à importância dos indivíduos em sua totalidade. Munidos dessa nova compreensão de si e de seu papel, as pessoas como sujeitos seriam capazes de ir além das imposições sociais, políticas e religiosas, apontando as incongruências *do* e *no* mundo, buscando um maior equilíbrio.

A justa medida entre o mundo externo e o sujeito foi o ponto de partida para o surgimento do romantismo e a linha por onde esse movimento se propôs a caminhar. A contribuição de Kant para a construção do pensamento romântico partiu da tentativa de relacionar o sujeito e o mundo externo, da coisa em si ao fenômeno, sem abandonar as formas da sensibilidade, a percepção e a racionalidade. Assim, para Kant (2008, citado por Barbosa; Nunes, 2011, p. 66),

a estética é apresentada como aglutinadora destes elementos, como possibilidade de revelar, simultaneamente, a coisa em si e o entendimento fenomênico. A estética kantiana pela revelação do belo e do sublime fez com que as gerações do século dezenove compreendessem o mundo via metafísica, sem abandonar por completo a racionalidade.

Para Barbosa e Nunes (2011), Kant buscou compreender a estética como ponto essencial da condição humana. O espírito do românticos será, então: a beleza, a harmonia, a perfeição e especialmente a liberdade do eu em relação ao mundo e à sociedade.

Em síntese, inúmeras foram as contribuições kantianas para o florescimento do romantismo, fruto da busca da liberdade humana por meio da compreensão da subjetividade e da objetividade reguladas dialeticamente. Nessa perspectiva, a estética foi colocada como plano principal da compreensão e da visão do mundo. Partindo da cotidianidade da existência, os valores e os ideais do romantismo se enraizaram na vida das pessoas. De modo inquestionável, essa nova maneira de pensar e de viver "fez com que os valores subjetivos fossem valorados e o 'eu' centralizado não mais com função racional; o 'eu' romântico estereotipou a subjetividade e a fez tornar julgadora dos valores materiais e imateriais" (Barbosa; Nunes, 2011, p. 71). De acordo como Barbosa e Nunes (2011), a herança de Kant contribuiu para a retomada de valores como sensibilidade, entendimento e imaginação, o espírito de um povo.

No iluminismo o racionalismo era a máxima para o pleno desenvolvimento da humanidade, até mesmo a criação das artes deveria ter esse comportamento [...]. O romantismo rompe esses valores, não abdicando totalmente da ciência e da filosofia, pelo contrário reforça-os a partir da sensibilidade e da imaginação. (Barbosa; Nunes, 2011, p. 72)

Se ao longo da modernidade a razão encontrou seu período mais fecundo e promissor, o romantismo se mostrou como um importante contraponto, desenvolvendo no ser humano o lado lúdico e criativo, o cultivo de emoções e de sentimentos, o desejo de liberdade, de leveza e de harmonia, especialmente consigo e com a natureza.

6.1.3 Romantismo

Antes das mudanças e das transformações advindas da Revolução Francesa de 1789, foram registradas na Alemanha, entre 1770 e 1780, as primeiras e profundas modificações culturais que levaram a uma gradual superação do Iluminismo e à afirmação do romantismo e de suas propostas na virada do século; o movimento que promoveu tal reviravolta foi o *Sturm und Drang* (Tempestade e assalto). De acordo com Bréhier (1977, p. 105), "tal movimento literário exaltado da primeira era romântica da Alemanha, iniciado com obras de Goethe (1749-1832) e Schiller (1759-1805), proclamava os direitos da liberdade, da paixão, a volta à natureza e a expressão literária expurgada de classicismos exóticos".

Figura 6.1 – Dois homens contemplando a lua, de *Caspar Friedrich* (1825-1830)

FRIEDRICH, C. D. **Dois homens contemplam a Lua**. 1825-1830. Óleo sobre tela: 34,9 × 43,8 cm. The Metropolitan Museum of Art, New York.

Como marcas desse importante movimento, além da valorização da natureza como força de vida, destacam-se a ideia de gênio como regra de si mesmo; o pensamento panteísta em relação a uma visão exclusivista da razão como única divindade; o desenvolvimento de um sentimento nacionalista e pátrio; e a preferência por sentimentos fortes e apaixonantes. Os grandes representantes que deram sentido e importância a esse marco do romantismo foram principalmente Johann Wolfgang von Goethe (1749-1842) e Friedrich Schiller (1759-1805), além dos filósofos Carl Gustav Jakob Jacobi (1804-1851) e Johann Gottfried von Herder (1744-1803), com sua primeira produção poética. Também como um motivador do romantismo, o novo classicismo, surgido com Johann Joachim Winckelmann (1717-1768), agiu como corretivo para a confusão e o caos promovidos, segundo ele, pelo movimento *Sturm und Drang*, impondo-se pouco a pouco como um dos polos dialéticos do romantismo.

Pensando de modo mais abrangente, o romantismo foi um movimento de reação contra o espírito racionalista que pretendia organizar o mundo e guiar os caminhos da sociedade. Para Cotrim (2008, p. 169), o romantismo "captou precocemente que a racionalização e a mecanização caracterizariam o mundo industrial, e intuiu a ameaça que esse processo representava para a expressão humana, tendo em vista que os sentimentos individuais estariam sendo relegados ao segundo plano".

Mesmo sendo um movimento complexo e amplo, é possível identificarmos no romantismo traços e perspectivas fundamentais. O uso do termo tal qual conhecemos hoje tem suas raízes no século XII. Inicialmente, *romântico* designava alguém que fosse fora do comum, diferente das outras pessoas no trato, na erudição, na relação com os sentimentos. Com o correr dos séculos, o termo passou a identificar aqueles que, movidos pelo espírito renascentista, deixavam-se guiar pelas emoções, pelos sentidos, pela arte e, de alguma forma, opunham-se aos excessos do Iluminismo. Como movimento, o romantismo lançou suas bases na filosofia e nas artes como um todo e difundiu-se na Europa entre os séculos XVIII e XIX. Ainda sobre sua especificidade, Reale e Antiseri (2007, p. 9) destacam:

> *Na sensibilidade romântica dominou o amor da irresolução e das ambivalências, dos sentimentos de preocupação e inquietação que se comprazem de si e se exaurem em si mesmos. O termo mais típico para indicar esses estados de ânimo foi Sehnsucht ("anseio"); um desejo que jamais pode alcançar sua própria meta, porque não a*

conhece e não quer ou não pode conhecê-la: um desejo de desejar, um desejo que é sentido como inextinguível e que justamente por isso encontra em si a própria satisfação.

Os românticos consideram de suma importância a exaltação das paixões e a valorização dos sentimentos de modo geral. Sobre essa característica, Cotrim (2008, p. 169) enfatiza: "Era o renascimento da intuição e da emoção contra a supremacia da razão. Era a afirmação do amor contra a frieza da racionalidade, após o reconhecimento de que o indivíduo permanecia insatisfeito em relação a seus anseios mais profundos de liberdade". Entre outras posturas, o romantismo passou a valorizar a sensibilidade e a subjetividade e retomou o pensamento de que a natureza é uma importante força vital e, sendo assim, deve ser exaltada e idealizada como expressão da interioridade e da grandeza humana.

O romantismo também proporcionou um novo olhar sobre a figura do "gênio" e da criação artística e desenvolveu um fortíssimo desejo pela liberdade, um sentimento nacionalista marcado por profundo amor pela pátria, uma nova compreensão de Deus e da religião – colocando o homem uma vez mais na perspectiva do infinito e da eternidade – e uma maior valorização do conteúdo da arte em relação à forma. O romantismo foi definido "pela saliência que em alguns sistemas filosóficos foi dada à intuição e à fantasia, em contraste com os sistemas baseados unicamente sobre a fria razão, entendida como único órgão da verdade. Nesse sentido, todo o idealismo é uma filosofia romântica" (Reale; Antiseri, 2007, p. 10).

6.1.4 Idealismo

Em paralelo ao romantismo, o idealismo alemão se desenvolveu como um movimento que buscou evidenciar o papel determinante do sujeito em relação ao objeto no processo de construção do conhecimento. Nesse sentido, uma de suas marcas mais profundas, de acordo com Cotrim (2008, p. 171), foi a concepção de que "tudo o que o sujeito conhece com certeza são suas ideias, suas representações do mundo, sua consciência. Em comum com o romantismo, manteve o espírito nacionalista e pátrio e a valorização do povo e da nação". Sobre as raízes lançadas pelo idealismo, para Huisman (2000, p. 101),

> Mesmo com raízes na cultura alemã, também se estendeu por várias regiões da Europa, interagindo com outros campos do conhecimento e da sociedade, tais como, a ciência, a religião, a arte, o direito e a política. Fichte, Schelling e Hegel, foram os seus principais pensadores. Andando por caminhos próprios eles contribuíram para a fundamentação do idealismo. Uma de suas grandes marcas, foi a retomada do princípio transcendental kantiano da construção a priori do objeto do conhecimento, mas procurando reduzir a distinção entre fenômeno e coisa em si em identidade entre certeza e verdade ou entre real e racional.

Uma das características fundamentais da crença dos idealistas era a afirmação do primado absoluto da função cognoscitiva em relação a qualquer outra atividade (estética, econômica, técnica, política, religiosa etc.). Para entender o idealismo alemão, conforme Cotrim (2008, p. 171), é preciso retomarmos um aspecto fundamental do pensamento kantiano:

> que das coisas só podemos conhecer a priori aquilo que nós mesmos colocamos nelas, como disse o filósofo, isso quer dizer que só podemos conhecer o pensamento ou a consciência que temos das coisas. Para Kant, portanto, a condição última do processo de conhecer é a existência do Eu como princípio da consciência. Em outras palavras, a existência do sujeito como centro (o Eu) que torna possível e dá forma ao conhecimento, pois é o sujeito que organiza o conhecimento do objeto, ao passo que este apenas se encaixa nos "moldes" da percepção humana.

Ao reconhecer o papel do sujeito na produção do conhecimento, o idealismo reconhece também que é o espírito humano quem organiza a natureza, a história e a humanidade. Tornando o sujeito kantiano como o princípio de toda a realidade, o idealismo chegou a seu ápice, desenvolvendo a doutrina segundo a qual a realidade objetiva seria produto do espírito humano. Pelo esforço de seu trabalho, Kant assentou as bases para que o idealismo pudesse se estruturar e dar seus primeiros passos.

Como seus principais representantes, o idealismo alemão teve pensadores discípulos de Kant – Johann Gottlieb Fichte (1762-1814), Friedrich Wilhelm Joseph von Schelling (1775-1854) e Georg Wilhelm Friedrich Hegel (1770-1831) – que assumiram o desafio de alcançar o idealismo absoluto. Nesse processo, foram desenvolvidos e retomados conceitos como a coisa em si, o papel do "eu", as experiências externa e interna, os poderes e os limites do pensamento a partir de si mesmo e o absoluto (Mondin, 1980). Sobre a importância da questão do absoluto para o idealismo, Mondin (1980, p. 171) enfatiza:

> Em breve, o eu penso é, ao mesmo tempo, o mundo e Deus, o fenômeno e o númeno, o sujeito e o objeto. Deste modo toda diferença qualitativa entre Deus e a natureza, entre o Absoluto e a história fica suprimida. A natureza, a história, a humanidade não são mais do que momentos decisivos da manifestação do Absoluto.

O início da análise filosófica não teve como ponto de partida a realidade do mundo exterior, mas sim do próprio indivíduo (ser pensante); olhando por outro prisma, o que é fundamental não é o mundo, mas sua representação como um ideal. Assim como outros movimentos filosóficos, o idealismo se propôs a responder a questão sobre como a realidade poderia ser conhecida; de modo preciso, seus pensadores indicaram que isso só seria possível pela consciência que o indivíduo pode construir a respeito dela. Nessa perspectiva, o idealismo contrapôs a corrente de pensamento realista que basicamente assimila o pensamento à realidade das coisas.

Em síntese, o idealismo alemão se caracterizou como um profundo período de valorização da capacidade humana, de suas ideias e seus ideais, de modo que tudo o que poderia ser conhecido deveria passar por ela e por sua capacidade de reflexão. Partindo do princípio da existência de apenas uma razão, a subjetiva, esta passou a ser considerada e válida para todo o ser humano. Reconhecido o primado das ideias e da consciência humana, o idealismo encontrou também uma forte oposição por parte da corrente de pensamento materialista.

Para pesquisar

> O *idealismo alemão* foi um movimento filosófico que valorizou profundamente as ideias, a reflexão e a consciência como caminhos autênticos para o conhecimento da realidade. Pesquise quais seriam as fragilidades do idealismo e o que seus críticos queriam dizer ao chamá-lo de *misticismo-lógico*.

6.2
Liberdade e criatividade do espírito humano

Na aurora do século XIX, o romantismo protagonizou um novo momento na história do pensamento filosófico moderno. Durante o Iluminismo e as grandes Revoluções, houve uma grande mecanização dos sistemas de produção, o que aos poucos passou a influenciar as relações humanas com ares de artificialidade. Buscando uma saída para a crise de sentido que havia deixado o sentimento de vazio em muitos – devido ao exacerbado uso da razão –, o romantismo proporcionou um retorno ao sentimento, ao cultivo do espírito humano, à fruição da criatividade por meio da arte e de suas expressões.

Figura 6.2 – A liberdade guiando o povo, de Eugène Delacroix (1830)

DELACROIX, E. **La liberté guidant le peuple**. 1830. Óleo sobre tela: 260 cm × 325 cm. Musée du Louvre, Paris.

Contra todo tipo de autoritarismo e reconhecendo os limites da razão, o romantismo despontou após movimentos literários como o *Sturm und Drang* e o neoclassicismo, que, mesmo com seus diferenciais, espalharam o movimento por toda a Europa. "Tempestade e ímpeto" traduziram fortemente o desejo de uma época em experimentar novamente fortes emoções, dar vasão aos sentimentos, redescobrir a interioridade e a subjetividade subjugadas pelos domínios da razão (Carvalho, 2013). Deposta como suprema e inquestionável deusa, a razão deu lugar à vivência das grandes paixões, a busca de sentimentos profundos e avassaladores, ao desejo humano de violar ao interdito, à vontade de mergulhar novamente dentro de si, rompendo com os costumes e padrões tradicionalistas, convenções exteriores que nada mais diziam para o espírito humano e suas inquietações.

A liberdade foi uma das maiores marcas do romantismo, que se descentralizou de regras e de paradoxos medievais e investiu na liberdade do ser e na liberdade de expressão, conhecidos como *expressão da ideologia liberal*. Os românticos foram aos poucos se engajando na sociedade devido a seus elevados valores de liberdade de criação, transformando a política, a economia, a convivência social como um todo, com base na perspectiva de seu espírito ao mesmo tempo humanizador e reformador. Traziam como estandarte o desejo de superar os regimes que estavam em curso e valorizavam a cultura, o folclore, as tradições locais e tudo aquilo que representava o espírito nacionalista.

O florescimento do romantismo pode ser analisado também do ponto de vista das vertiginosas transformações políticas, econômicas e sociais desse período. Na esteira das grandes Revoluções, viu-se a passagem do mundo rural para o mundo urbano, do trabalho artesanal para a produção industrial, de uma economia baseada na troca de mercadorias para a criação das moedas. O mundo de privilégios deu lugar ao mundo do trabalho. Com o fortalecimento da burguesia, o crescimento do pensamento liberal, a defesa das liberdades e dos direitos individuais e a Reforma Protestante, houve a necessidade de um novo arranjo existencial, uma nova forma de sentido, da qual o romantismo se tornou um importante instrumento.

Se no período medieval Deus ocupava o centro da vida humana, o romantismo irá colocar em destaque o indivíduo e sua subjetividade. Se para as religiões o ideal era fazer a vontade de Deus, para os românticos era se deixar levar pela emoção, pelos fortes sentimentos, fazer história na própria história. Para Zeni e Furlan (2012, p. 146),

> O romantismo propôs novas formas de ver a realidade, valorizando a liberdade e a imaginação, o individualismo, a liberdade formal e o patriotismo. A alma do indivíduo percebe o mundo de acordo com a sua sensibilidade e o destino está nas mãos do próprio homem. A subjetividade muda radicalmente e a criação aproveita as transformações incessantes e fulgurantes da imaginação.

As transformações e as influências do romantismo extrapolaram a literatura e a arte e alcançaram de modo significativo todos os setores da sociedade e do pensamento humano, especialmente no que se refere às estruturas sociais e políticas. De acordo com Volobuef (1999, p. 12), isso

> significou a rebeldia contra a autoridade do passado, contra o convencionalismo fossilizado, contra a manutenção incontestada das tradições que já não ofereciam um horizonte de sentido e significado. Contudo, ainda que tenha abarcado também tendências conservadoras, o romantismo como um todo foi fruto de um espírito revolucionário que representou a igualdade, liberdade, fraternidade e o espírito de renovação, levando a todos consequentemente a busca de caminhos novos e inexplorados.

Como visão de mundo, os românticos privilegiaram o sujeito ou o subjetivismo; elemento essencial de seu pensamento foi a manifestação de amor à liberdade, na medida em que constituiu uma afirmação dos valores individuais em oposição às normas sociais que enquadravam a todos na ideia de coletividade ou de massa. Como um movimento plural, em busca da liberdade e de um espaço para a criatividade humana, o romantismo conviveu com várias formas de pensamento, valorizando de modo especial o homem emotivo, intuitivo e psicológico, razão por que desprezou o racionalismo dos iluministas e tudo aquilo que poderia representar um retrocesso aos valores humanos, suas emoções e seus sentimentos.

Para discutir

> A *liberdade* foi um dois ideais mais marcantes do romantismo. Discuta em grupo em que consistia esse enorme desejo de liberdade. Que elementos representavam uma prisão? Quais eram as conquistas provenientes da luta pela liberdade? O que significa lutar pela liberdade hoje?

6.3
Experiências estéticas: artes visuais, música e literatura

Motivada pelos valores do romantismo, a arte passou a ser pensada e composta sobre o valor da natureza, do deserto, muitas vezes expressando um sentimento de nostalgia de um passado remoto. Trazia consigo a ruptura do modelo clássico medieval, com todo tipo de normativismo disciplinador, e retratava o desejo de uma produção original, norteada fundamentalmente pela liberdade criativa. O artista romântico é aquele que cria em suas obras uma atmosfera de fantasia e de heroísmo, valorizando a emoção e a liberdade de criação. No que se refere à forma de arte tipicamente romântica, a característica é a prevalência do conteúdo sobre a forma, portanto, a reavaliação expressiva do informal, de onde o fragmento, o inconcluso e o esboço caracterizam as obras do período (Reale; Antiseri, 2007).

Figura 6.3 – **Ludwig van Beethoven (1770-1827), um dos principais representantes da música romântica e criativa**

Everoh Historial/Shutterstock

Como marcas de um novo tempo, as artes plásticas no romantismo passaram por uma primeira transformação no que se referia à composição das obras. Presa durante muito tempo ao conceito apenas de moldura, a natureza expressa pelas belas paisagens passou a ocupar o lugar central nas pinturas; de um simples complemento, tornou-se a expressão máxima da interioridade, do sentimento e da subjetividade humana. Mais do que a uma análise, a pintura romântica representou o convite a uma experiência por parte de seu admirador e pretendia conduzi-lo ao mesmo sentimento daquilo que estava sendo retratado em sua essência e em seu sentimento.

Na arte de pintar, os artistas românticos deixavam fluir seus sentimentos e, assim, transmitiam uma informação que tinha a capacidade de prender a atenção dos seus admiradores. Entre os pintores que figuraram nesse período, podemos destacar Francisco Goya (1746-1828),

Eugène Delacroix (1798-1863), Caspar David Friedrich (1774-1840) e John Constable (1776-1837).

No teatro, tornaram-se vagos os limites entre a tragédia e a comédia, que se mesclaram para originar o drama; na dramaturgia, o romantismo se manifestou valorizando a religiosidade, o individualismo, o nacionalismo, o cotidiano e a subjetividade presentes de modo especial na obra de William Shakespeare (1564-1616). Os dois dramaturgos mais conhecidos da época foram Goethe e Schiller, mas Victor Hugo (1802-1885) também merece destaque, pois levou várias inovações para o teatro.

Em termos musicais, o romantismo protagonizou maior liberdade na escolha do repertório, nas composições, na expressão dos sentimentos por partes dos músicos e também na disposição dos instrumentos na orquestra, que passou a ser mais completa e fazer uso de tudo aquilo que estava à disposição, em vista de novos sons, novas emoções e novas experiências. Passaram a ser tematizados também assuntos de cunho popular, folclórico e nacionalista. De acordo com Padovan Junior (2015, p. 52),

> O compositor passou a ter independência e a liberdade necessária para compor sem depender das decisões de terceiros. Dessa forma, o artista começou a viver do que lhe pagavam pelas obras que compunha e trabalhava individualmente. Podemos destacar como músicos deste período: Ludwig van Beethoven (1770-1827) (suas últimas obras são consideradas românticas), Franz Schubert (1797-1828), Carl Maria von Weber (1786-1826), Felix Mendelssohn (1809-1847), Frédéric Chopin (1810-1849), Robert Schumann (1810-1856), Hector Berlioz (1803-1869), Franz Liszt (1811-1886) e Richard Wagner (1813-1883).

Foi por meio da poesia lírica que o romantismo ganhou formato na literatura; formas fixas como o soneto e a ode cederam lugar a composições mais livres, como a balada e a canção, dando espaço para a criação de inúmeros poemas sem forma definida ou preestabelecida. Nesse sentido, passou a ser comum o emprego desmedido de metáforas e de outros recursos literários com o objetivo de proporcionar ao leitor maior aproximação e interatividade com o texto. Os temas mais utilizados foram os que expressavam maior sentimentalidade, como amores impossíveis ou não correspondidos, fatos e acontecimentos históricos que marcaram época e questões existenciais como a vida e a morte.

As obras que tiveram maior repercussão foram *Os três mosqueteiros* (Alexandre Dumas), *Baladas líricas* (William Wordsworth), *Cantos e inocência* (William Blake), *Os sofrimentos do jovem Werther* e *Fausto* (Goethe) e *Os miseráveis* (Victor Hugo). No que se refere à arte e à literatura, o romantismo ocupou-se ainda em refletir os costumes e a história de distintas regiões. Em termos literários, o romance foi ganhando o espaço antes ocupado pela epopeia. Enfim, vale a pena ressaltar a grande importância dada à interioridade do artista e a sua capacidade de produzir reações em quem contemplasse sua obra. Toda produção literária desse período tem a capacidade de envolver os leitores em seus sentimentos, paisagens e paixões (Reale; Antiseri, 2007).

Como marca importante do pensamento moderno, a essência do romantismo esteve presente nas mais variadas manifestações artísticas. Superando um modelo de arte que se centrava basicamente na forma e na disciplina, o romantismo propôs um novo caminho. A partir de então, o foco se voltou para o indivíduo, para o sujeito e a totalidade de seus sentimentos e de suas sensações. A filosofia e a arte nunca mais foram as mesmas e o pensamento moderno se tornou ainda mais complexo e instigante.

Para debater

As artes de um modo geral foram profundamente transformadas pelo romantismo alemão. Aos poucos, o padrão artístico e cultural europeu passou a influenciar todo o mundo. Quais motivos levaram a arte dos demais continentes a ser ignorada? Quais eram os principais traços e as características da arte latino-americana? Quais forem as consequências do colonialismo cultural europeu e norte-americano? Como a filosofia pode contribuir nessa discussão?

6.4
Johann Gottliebe Fichte e a liberdade do eu

"O saber não é absoluto, mas é absoluto como saber". Com esse pensamento, o jovem Johann Gottliebe Fichte (1762-1814) demonstrou a grandeza de seu espírito e sua sede pelo conhecimento. Natural da Alemanha, desde muito cedo mostrou aptidão para os estudos acadêmicos e, após a conclusão do ensino fundamental, começou seus estudos superiores na cidade de Jena*. Assim como outros expoentes do idealismo alemão,

Figura 6.4 – Johann Gottlieb Fichte

André Müller

---

* Jena foi a cidade em que se constituiu o círculo dos românticos no fim do século XVIII, do qual participaram grandes pensadores e escritores da literatura alemã. Seus animadores foram os irmãos Schlegel: August Wilhelm (1767-1845) e Friedrich (1722-1829). Após a dissolução do grupo de Jena, o romantismo se espalhou por todo o território alemão.

Fichte se espelhou na obra de Kant, conquistando autonomia intelectual. Desenvolveu sua pesquisa com base em temas como a subjetividade, o papel da consciência e sua relação com o conhecimento da realidade. Além de teórico, foi reconhecido por sua militância política em favor da união dos povos germânicos. Preocupado com os rumos da formação juvenil, atuou por dois anos como professor particular e, como fruto de sua intensa produção intelectual, publicou as seguintes obras: *Ensaio de uma crítica de toda revelação* (1792), *Fundamentos da doutrina da ciência* (1794), *Discursos sobre a missão do douto* (1794), *Fundamentos do direito natural* (1796), *Sistema da doutrina moral* (1798), *Estado comercial fechado* (1800), *A missão do homem* (1800), *Introdução à vida beata* (1806) e *Discursos à nação alemã* (1808). De acordo com Reale e Antiseri (2007, p. 49, grifo do original):

> A preocupação principal de Fichte foi em primeiro lugar contribuir para a difusão do criticismo kantiano, e depois de **descobrir o princípio de base**, não revelado por Kant, que unificava as três Críticas, a fim de construir o sistema do saber, transformando a filosofia em uma rigorosa "doutrina da ciência" (Wissens-chaftslehre). Partindo das reflexões pós-kantianas de Reinhold, Schulze e Maimon, o pensamento de Fichte chegou a transformar o **Eu penso** kantiano em **Eu puro**, entendido como intuição pura que livremente se autopõe (se autocria) e, se autopondo, cria toda a realidade. Esta é a grande novidade de Fichte, com a qual ele ia muito além do criticismo e fundava o idealismo.

Como docente universitário, teve a primeira oportunidade em Jena no ano de 1794, com uma indicação de Goethe, permanecendo ali por cinco anos, tempo que foi muito propício para o desenvolvimento de seu pensamento. Após uma denúncia que o tirou inesperadamente da cidade, transferiu-se para Berlim, onde teve a oportunidade de conhecer Friedrich Schlegel (1772-1829), Friedrich Schleiermacher (1768-1834) e Ludwig Tieck (1773-1853), importantes pensadores da época e que se tornaram seus interlocutores. No ano de 1810, foi convidado para atuar como professor na Universidade de Berlim, onde por sua dedicação e compromisso passou a liderar o movimento nacionalista dos estudantes. Antes de sua trágica morte por cólera, alcançou também o importante posto de reitor da universidade (Reale; Antiseri, 2007).

6.4.1 A liberdade do eu

Fichte foi o primeiro a perceber as contradições que ameaçavam o criticismo de Kant e a resolvê-las em direção ao idealismo. Negando a essência da coisa em si (númeno), a realidade tem um único fundamento que pode ser somente de natureza espiritual: o pensamento – que é o "eu puro." Para a função de pensar, contudo, não basta a identidade do pensamento consigo mesmo: deve haver um sujeito pensante e um objeto pensado. O eu puro origina, por conseguinte, o sujeito pensante ou *eu empírico* e o objeto pensado ou o *não eu*. Sobre essa relação, Mondin (1980, p. 189) explicita:

> Entre eu puro, eu empírico e não-eu existe uma clara distinção. O eu puro tem uma prioridade absoluta sobre o eu empírico e o não-eu. O fim último do eu empírico está na obtenção do eu puro; para alcançar esse objetivo deve remover todos os obstáculos interpostos pelo não-eu. O homem está em contínuo progresso rumo ao objetivo da perfeita coerência consigo mesmo.

O eu é para Fichte o princípio gerador de toda a realidade. Pode ser considerado como aquilo que existe antes de toda a atividade. Em sua compreensão, o eu é condição incondicionada de si mesmo e da realidade. Rompendo com a metafísica tradicional, que defendia que o ser era condição do agir, Fichte passou a afirmar que a ação procede o ser e o ser é produto do agir. Para ele, o eu absoluto não pode ser concebido como o eu do ser humano individual, do qual faz parte um eu sempre e em todo caso limitado pela experiência do não eu (Reale; Antiseri, 2007). Fazendo um paralelo entre alguns dos mais importantes pensadores da história da filosofia, no pensamento de Aristóteles, a origem de todo o saber estava no princípio da não contradição*, ou seja, uma coisa não poderia ser verdadeira e falsa ao mesmo tempo. Em Kant, o princípio adotado é o da identidade, onde uma coisa é idêntica à outra– por exemplo, árvore é árvore (A=A). Em Fichte, o princípio se autopõe (Eu = Eu) e, dessa forma, coloca a identidade (A= A) (Reale; Antiseri, 2007). Sobre a especificidade do eu em Fichte, apontam Reale e Antiseri (2007, p. 51, 55, grifo do original):

> *O primeiro princípio do idealismo de Fichte, sua condição incondicionada, é, portanto: o Eu põe absolutamente a si mesmo. O Eu, enquanto livre atividade originária e infinita, e autocriação absoluta por meio da própria imaginação produtiva. Este é o momento da liberdade e da tese. [...] O segundo princípio é, portanto: o Eu opõe absolutamente a si mesmo, dentro de si, um não-eu**. Este é o momento da necessidade e da antítese. [...] O terceiro princípio de Fichte é, portanto: o EU absoluto, o eu limitado e o não-eu limitado se opõem e se limitam reciprocamente. E este é o momento da síntese. [...] Isso atesta a superioridade da razão pratica sobre a razão pura. [...]*

---

*   No estudo da lógica clássica, o princípio da não contradição formula que duas afirmações contraditórias não podem ser verdadeiras ao mesmo tempo.

**   O não eu é compreendido como a natureza em geral, pensado como "reino dos limites", produzido "inconscientemente pelo eu absoluto por meio da imaginação produtiva, a qual, enquanto em Kant era apenas determinadora *a priori* da intuição pura do tempo, em Fichte torna-se justamente criadora 'inconsciente' dos objetos" (Reale; Antiseri, 2007, p. 53).

Fichte resolve o problema da relação entre mundo fenomênico e mundo numênico, sustentando que:

*a) a **lei moral** e o nosso ser-no-mundo-inteligível;*

*b) a **ação real** constitui o nosso ser-no-mundo-sensível;*

*c) a liberdade, enquanto poder absoluto de determinar o sensível segundo o inteligível, é a junção dos dois mundos: o verdadeiro **princípio** de tudo é, portanto, a liberdade do Eu.*

Para Fichte, no encontro com as demais pessoas é que o ser humano realiza sua tarefa moral. Convivendo em sociedade, o homem se depara com uma multiplicidade de ideias que, muitas vezes, geram conflitos. Com o objetivo de garantir as liberdades individuais e fazer prevalecer a paz entre as pessoas, surge o direito. De acordo com o pensador, todo indivíduo tem o direito de ser livre, desde que não fira a liberdade do outro e o direito de possuir algo em seu nome. No que se refere à liberdade do indivíduo e ao papel do Estado nesse processo, Reale e Antiseri (2007, p. 55, grifo do original) frisam que:

> O Estado nasce de um contrato social e, portanto, de um consenso das vontades dos indivíduos, e dever garantir o trabalho a todos, impedindo que haja pobres; para atingir este objetivo, o Estado pode, se necessário, fechar o comércio exterior e tornar-se **Estado comercial fechado**. Tais posições socialistas, inspiradas pelos ideais da Revolução Francesa, mudaram sob o evoluir dos acontecimentos históricos, convencendo Fichte que apenas do povo alemão, militarmente derrotado e politicamente oprimido e dividido, podia vir o impulso para o progresso da humanidade: apenas o povo alemão reunificado teria podido realizar tal missão.

As contribuições do pensamento de Fichte são profundamente verificadas no campo da ética e na valorização da liberdade como significado último das coisas. Marcada por um idealismo ético, sua filosofia relacionou a lei moral à liberdade do indivíduo. Para ele, apenas as pessoas livres podem optar pelo idealismo. Ser idealista, em suas convicções, é reconhecer a força que existe no humano, a criatividade presente no seu espírito e toda a responsabilidade e o comprometimento que isso deve traduzir.

Em síntese, conforme Volobuef (1999, p. 37), "ao fundamentar o 'Eu' como força, elemento universal, absoluto, infinito, enfim, como a própria origem do mundo, Fichte se tornou uma importante referência para o romantismo e idealismo alemão, despertando uma gama de seguidores favoráveis aos seus pressupostos e ideias".

Para pensar

Ao ser reconhecido como um grande pensador, Fichte demonstrou a importância da militância política como parte fundamental na transformação social de uma nação. Seu exemplo faz pensar sobre o papel do filósofo na sociedade. Os pensadores da atualidade estão engajados em questões políticas? O estudo filosófico tem sido somente acadêmico? Quais são as novas ágoras da atualidade? O que a pólis diz hoje à filosofia?

6.5
Friedrich Wilhelm Joseph von Schelling e a concepção determinista da natureza

Com pouco mais de 20 anos de idade, Friedrich Wilhelm Joseph von Schelling (1775-1854) se tornou colaborador de Fichte e pouco tempo depois foi nomeado seu sucessor. Assim, o jovem e talentoso alemão se tornou famoso, mais um dos grandes expoentes do Idealismo Alemão. Leitor assíduo de Kant, superou-o e foi além do conceito de filosofia transcendental, desenvolvendo seu próprio sistema, aproximando-se de Baruch Spinoza (1632-1677) e da filosofia da natureza. Dedicou-se, ainda, ao estudo das doutrinas da revelação e da mitologia, à crítica ao dualismo, além de à estética, tema muito próprio de seu tempo.

Figura 6.6 – *Friedrich Wilhelm Joseph von Schelling*

No ano de 1790, inscreveu-se no seminário teológico de Tübingen, onde estreitou relações de amizade com Hölderlin, com que aprendeu latim, e com Hegel. Segundo seu pai, que era pastor luterano, Schelling era profundamente dedicado aos estudos, conhecia muito bem o árabe e o hebraico. De 1796 a 1798, estudou Matemática e Ciências Naturais em Leipzig e em Dresden; buscando maior aperfeiçoamento de suas ideias, transferiu-se para Jena, importante polo intelectual.

Em 1800, publicou *Sistema do idealismo transcendental*, obra de grande potencial e que lhe rendeu grande reconhecimento. Durante esse período, manteve importante contato com o círculo dos românticos chefiado por Schlegel. Em 1803, passou a ensinar na Universidade de Würzburgo e em 1841 foi chamado pela Universidade de Berlim, mas em 1847 interrompeu seus cursos. Entre suas obras mais significativas podemos destacar *Ideias para uma filosofia da natureza* (1797), *Filosofia e religião* (1804), *Pesquisas filosóficas sobre a essência da liberdade* (1809), *Filosofia da mitologia e Filosofia da Revelação*, publicadas após sua morte (Reale; Antiseri, 2007).

6.5.1 *Filosofia da natureza e do eu*

A vida e a obra de Fichte marcaram profundamente o idealismo alemão. Tamanha foi sua contribuição que pensadores como Schelling, entre outros, precisaram de certo tempo para compreender suas proposições de maneira aprofundada. Após um longo período de reflexão, Schelling, a partir de 1797, passou a se debruçar sobre a questão da revalorização da natureza. Fazendo um paralelo com a filosofia de Fichte, desejava aplicar à natureza o mesmo modelo de contemplação e estudo que ele havia aplicado à vida do espírito. Para Schelling, o sistema da natureza estava muito próximo ao sistema do espírito (Reale; Antiseri, 2007). A natureza seria, para ele, a expressão daquilo que há de mais profundo, de tudo aquilo que é produzido no coração humano. Aprofundando essa questão, Reale e Antiseri (2007, p. 79, grifo do original) comentam:

> O grande princípio da filosofia natural de Schelling é, portanto: **a natureza deve ser o espírito visível, o espírito deve ser a natureza invisível**. Com isso, a toda força natural que se expande, contrapõe-se de tempos em tempos um limite, e a toda fase constituída pelo encontro da força expansiva e da limitante corresponde à produção de um nível natural, o qual pouco a pouco se apresenta como mais rico e hierarquicamente mais elevado: o mais alto nível da natureza é o nível "orgânico",

e o fim último da natureza é o homem, porque nele desperta justamente o espírito, que em todos os outros graus naturais permanece como que dormente.

Ao se propor a refletir sobre a questão da filosofia da consciência, Schelling, em sua obra *Sistema do idealismo transcendental*, aborda conceitos como "atividade real" e "atividade ideal" (Reale; Antiseri, 2007). A atividade real seria originária do eu, de caráter infinito. Já a atividade ideal é pensada como aquela que toma consciência, deparando-se com o limite. Descrevendo a filosofia teórica (idealismo) e a filosofia prática (realismo), o filósofo vê na junção de ambas a formação completa do idealismo transcendental (Reale; Antiseri, 2007). Para ele, a tarefa mais sublime da filosofia transcendental seria revelar a identidade, presente no próprio princípio da atividade consciente e da inconsciente. Ressaltando o valor da atividade estética (consciente e inconsciente), Schelling reconhece o valor da poesia, da filosofia e, especialmente, do pensamento filosófico de cunho artístico. Conforme Reale e Antiseri (2007, p. 82), "é este o 'idealismo estético' que tanta impressão e tantos entusiasmos suscitou entre os contemporâneos".

A compreensão de que a partir da estética se capitava a unidade do ideal e do real tornou necessária a concepção do absoluto como "identidade originária" do "eu" e do "não eu", sujeito e objeto, espírito e natureza. Nessa perspectiva, a filosofia passou a ser o saber absoluto do absoluto, e o absoluto a identidade originária do ideal e do real (Reale; Antiseri, 2007). Ao descrever o conceito de identidade, Schelling reconhece o seu caráter absoluto e que nada pode existir por si mesmo (fora do Uno-Todo). Demonstrando o seu rosto "teosófico", ele recorre ao conceito grego de "queda" para tratar do aspecto infinito da identidade, a relação com Deus e o misticismo presente no povo alemão (Reale; Antiseri, 2007).

Schelling acreditava que no mundo haviam opostos unificados no absoluto e nele protagonizavam suas lutas. Ao contemplar os dramas da vida humana, o constante enfrentamento entre o bem e o mal, entre a liberdade e a necessidade, Schelling notava um certo espelhamento do conflito originário de forças opostas que, segundo ele, estavam na base da própria existência divina (Reale; Antiseri, 2007). Em sua compreensão sobre o sagrado, em Deus havia um princípio obscuro e cego e um princípio positivo e racional. Sobre essa questão, Reale e Antiseri (2007, p. 87) expõem:

> O mal existe no mundo porque já existe em Deus, e no decorrer da história ele será vencido pelo caminho do espelhamento daquela vitória sobre o negativo que se realiza eternamente em Deus. O último Schelling distinguiu:
>
> a) uma *filosofia negativa*, ou seja, a especulação construída apenas sobre a razão e que versa sobre o **que-coisa** universal, sobre a **essência das coisas**;
>
> b) uma *filosofia positiva*, isto é, a especulação fundada, além de sobre a razão, também sobre a **religião** e sobre a **revelação**, e referente à **existência efetiva** das coisas: a filosofia positiva deve necessariamente integrar a negativa*.

No que se refere à questão da revelação, para Schelling, esta se deu de modo significativo no cristianismo, masele reconhece também que a revelação divina toca as demais religiões na história. Sua teologia versa

---

* A distinção corresponde à última fase do pensamento de Schelling, cuja "*filosofia negativa* é a especulação construída apenas sobre a razão e que versa sobre o **que-coisa** universal, sobre a **essência das coisas**, sobre sua **possibilidade lógica**. A *filosofia positiva*, ao contrário,é a especulação que se funda, além de sobre a razão, sobre a religião e sobre a **revelação**, e se refere à **existência efetiva das coisas**: a filosofia positiva deve necessariamente integrar a negativa" (Reale; Antiseri, 2007, p. 88, grifo do original).

sobre a ideia de um Deus-pessoa que traz consigo a capacidade de criar e de salvar o homem em queda.

Uma análise fechada sobre as contribuições do pensamento de Schelling seria, ao mesmo tempo, muito difícil e pretenciosa. Ao lado de grandes pensadores de seu tempo, como Fichte e Hegel, Schelling ofereceu o melhor de si, fazendo com que o idealismo pudesse encontrar o seu apogeu e despertasse a atenção de todos.

Resumindo, em sua concepção do absoluto como síntese dos opostos – do eu e da natureza, do sujeito e do objeto, do espírito e do mundo –, origina a natureza, forma objetiva, para adquirir, por meio dela, maior consciência da própria subjetividade; o homem é o ser em que o absoluto adquire consciência de si, tornando-se espírito. Conforme Mondin (1980), a compreensão do Universo, no qual natureza e espírito não são mais opostos, mas harmonizados, atua na atividade estética. A obra de arte é manifestação do infinito de modo finito.

Para conversar

> O *romantismo* e o idealismo alemães encontraram na arte um modo de manifestar seus sentimentos, seus conceitos e seus ideais. Converse sobre a relação entre arte, cultura e sociedade. Quais são as influências de uma sobre a outra? Qual é a relação entre arte e filosofia? Entre arte e os grandes centros urbanos? O que pode ser considerado arte?

Síntese

Em meio ao século das luzes e à busca pelo esclarecimento, despontou um movimento que marcou profundamente a história da filosofia moderna e seus desdobramentos na contemporaneidade. Como uma alternativa a um racionalismo exacerbado, o romantismo e o idealismo alemão surgiram como partes de um mesmo movimento que buscava, entre outros elementos, o reconhecimento da natureza humana em sua totalidade. Para o movimento, o ser humano não tinha apenas a razão, reconhecida como fundamental para o desenvolvimento humano, mas era também espírito, sentimento, ser criativo que escapava, que ia além daquilo que as capacidades cognitivas poderiam dizer de si.

Acreditando na grandeza do espírito humano, idealistas e românticos procuraram, na força do eu, da natureza e da arte, trazer à tona o que havia de mais humano e profundo nos indivíduos. Reforçando a identidade de um povo, a busca por novas expressões, rompendo com tudo aquilo que representava um retrocesso ante a natureza humana e suas potencialidades, o romantismo e o idealismo alemães lançaram raízes por toda a Europa e influenciaram inúmeras gerações de pensadores e artistas.

Neste capítulo, vimos que sua gênese se deu pelos esforços e pelas contribuições de Rousseau e de Kant. Rousseau colocou em xeque a razão dos iluministas e advogou em favor da bondade da natureza humana e da riqueza dos sentimentos em vista da verdadeira felicidade e da realização dos cidadãos. Kant, com sua estética, evidenciou a necessidade de se reconhecer o papel do sujeito na busca pelo conhecimento e especialmente a valorização de sua perspectiva no que se refere à compreensão e à produção artística. Por sua sensibilidade e sua valorização do sujeito e da natureza humana, ambos foram pedras angulares no princípio do movimento. Como uma de suas marcas principais, a liberdade e a criatividade do espírito humano encontraram um lugar de destaque em meio ao romantismo e ao idealismo alemão.

Valorizando mais o conteúdo do que a forma e tomando a natureza não mais como paisagem, mas como ponto principal da obra, vimos surgir conceitos e expressões artísticas mais leves e originais, mais nacionalistas e sentimentais. O novo jeito de ser da arte e do artista foi percebido especialmente nas pinturas, na música, na dramaturgia e na literatura. Munidos de autonomia e impulsionados pela criatividade, os artistas românticos e idealistas revolucionaram para sempre a compreensão e as formas de pensar e de fazer arte. Por fim, como grandes expoentes desse movimento, analisamos brevemente a vida e a obra de Fichte e de Schelling, reconhecendo seus esforços em, ao mesmo tempo, preservar o contributo kantiano e superá-lo, com base na questão do eu e da natureza, fazendo com que, pela riqueza de suas reflexões, o romantismo e o idealismo alemães pudessem atravessar gerações e chegar até os dias de hoje.

Indicações culturais

Filmes

FAUSTO (Faust). Direção: Friedrich Wilhelm Murnau. Alemanha, 1926. 107 min.

O livro de mesmo nome é a obra-prima do poeta alemão Johann Wolfgang von Goethe. Baseado em uma lenda medieval, revela a decadência do espírito humano, que se deixa seduzir pelo mal; mesmo tendo todas as ciências do mundo, extremamente significativas nos contextos moderno e iluminista, revela-se insatisfeito com o conhecimento que já tem. Goethe reproduz em seus versos todo o ambiente universitário, científico e pseudocientífico da Alemanha do século XVIII, que já não preenche o espírito humano, ávido de liberdade, criatividade, arte e poesia.

WERTHER (Le Roman de Werther). Direção: Max Ophüls. França, 1938. 95 min.

Inspirado em outro grande romance clássico de Goethe, o filme reconhece a importância dos sentidos na vida do homem, apresentando-nos os sofrimentos do jovem Werther, que, apaixonado por uma mulher comprometida, não consegue conter a idealização de seu amor platônico, inclinando-se diante de tanta dor e angústia para a possibilidade do suicídio. A trama aborda o amor, que é mais forte e mais intenso do que a razão, e a incapacidade da razão de controlar o amor e o desejo humanos.

YUNG Goethe in Love (Goethe!). Direção: Philipp Stölzl. Alemanha, 2010. 102 min.

Vivendo na Alemanha em 1772, após não entrar na faculdade de Direito, o jovem Goethe é enviado pelo pai a uma província bucólica. Inseguro sobre seu talento e ansioso pela nova experiência de vida, ganha aos poucos o respeito e a amizade de seu superior. Ao se enamorar da jovem e bela Lotte, sua vida jamais será a mesma, pois nenhum dos jovens apaixonados sabe que o pai da donzela já havia prometido a mão da moça a outro homem.

Livros

DUDLEY, W. **Idealismo alemão**. Petrópolis: Vozes, 2013.

Reconhecendo a importância do idealismo alemão, a obra busca transmitir de maneira clara e acessível os principais elementos constitutivos desse grande movimento filosófico. Buscando não simplificar demasiadamente os temas e os autores do período, o autor tem por objetivo oferecer uma boa compreensão dos problemas que motivaram Kant, Fichte, Schelling e Hegel e as soluções que eles propuseram, bem como suas ressonâncias para o pensamento filosófico da época e também da atualidade.

SAFRANSKI, R. **Romantismo**: uma questão alemã. São Paulo: Estação Liberdade, 2010.

O romantismo alemão se caracterizou pela busca de liberdade e pela criatividade do espírito humano. De maneira renovada e surpreendente, a obra aborda a temática em duas partes. Primeiro, destaca as origens e as antecipações do movimento que revolucionou a cultura, mostrando o espírito que motivou o florescimento de inúmeras teorias e ensaios filosóficos, romances e poemas. No segundo momento, investiga o "romântico como atitude espiritual" em pensadores como Schlegel, Fichte e Novalis. Para Safranski, o romantismo pode ser visto como um sistema contra a monotonia e o que ela tem de corolários: a consciência do vazio, o abismo da futilidade e do nada.

Atividades de autoavaliação

1. Leia atentamente as seguintes assertivas sobre o romantismo:
    I) O romantismo foi uma contraposição ao domínio exacerbado da razão.
    II) O modelo proposto pela Revolução Industrial não levava em consideração a grandeza do espírito humano e a totalidade de seus sentimentos.
    III) O romantismo denunciava as tensões sociais e as desigualdades geradas pela sociedade urbano-industrial e pelo embrutecimento dos homens.

Assinale a alternativa que apresenta a resposta correta:

    a) As assertivas I e II são verdadeiras.
    b) Apenas a assertiva III é falsa.
    c) Todas as assertivas são verdadeiras
    d) Apenas a assertiva II é verdadeira.

2. Sobre as características do romantismo, é **incorreto** dizer:
    a) Os românticos viam a natureza como uma força vital que resiste à racionalização.
    b) Os principais representantes do romantismo foram Schlegel, Locke e Goethe.
    c) Rousseau e Kant foram fundamentais para o início do movimento.
    d) O romantismo valorizava a intuição, a criatividade e a liberdade individual.

3. Assinale alternativa em que os temas correspondem ao romantismo:
    a) Sensibilidade e subjetividade; inventividade; emoções fortes.
    b) Inventividade; valorização da vida natural; esclarecimento.
    c) Emoções fortes; conservadorismo; sensibilidade e subjetividade.
    d) Conservadorismo; esclarecimento; amor ao ser humano.

4. Considere as seguintes informações sobre o idealismo alemão:
    I) A consciência e a existência do eu foram temas de suma importância.
    II) O pensamento kantiano influenciou os primeiros idealistas modernos.
    III) Os idealistas de maior destaque foram Hegel, Fichte, Descartes e Schelling.
    IV) Pensadores como Aristóteles, Berkeley e Kant fomentaram o idealismo alemão.

Assinale a alternativa que apresenta a resposta correta:

    a) As informações I e III são verdadeiras.
    b) Apenas uma das informações é verdadeira.
    c) As informações II e IV são verdadeiras.
    d) As informações I e II são verdadeiras.

5. Sobre o idealismo alemão, é **incorreto** afirmar:

    I) O objeto exerce um papel determinante no processo do conhecimento.
    II) O que o sujeito conhece são suas ideias, suas representações do mundo, sua consciência.
    III) "O saber não é absoluto, mas é absoluto como saber" (Fichte).
    IV) "Das coisas só podemos conhecer *a priori* aquilo que nós mesmos colocamos nelas" (Kant).
    V) A realidade objetiva é produto do espírito humano.
    VI) O que é exterior ao homem é o "eu".
    VII) Pensar a realidade como processo, como movimento.

Estão corretas as afirmativas:

    a) I e VI.
    b) VII e III.
    c) II e IV.
    d) V e VI.

Atividades de aprendizagem

Questões para reflexão

1. Com base na teoria do "bom selvagem", quais foram as contribuições de Rousseau para as origens do romantismo?

2. Com o desenvolvimento científico e industrial durante a modernidade, a natureza foi vista apenas como uma possibilidade de matéria-prima e de fonte de riqueza. Como os românticos passaram a vê-la?

3. A ciência moderna se caracterizou de modo especial por sua objetividade, capacidade de demonstrar resultados empiricamente e de ser universal. Contra a dureza da observação científica e racionalista, os românticos introduziram o subjetivismo com um de seus mais importantes valores. Qual é seu significado?

4. O romantismo inaugurou um novo jeito de conceber e produzir a arte. Opondo-se ao classicismo, ao racionalismo e ao Iluminismo, quais foram as características predominantes da arte romântica?

5. Qual é o significado do "eu" no pensamento de Fichte?

6. Descreva a importância da natureza para a filosofia de Schelling.

7. O idealismo alemão surgiu na modernidade em oposição ao materialismo. Quais são as principais diferenças entre ambos?

Atividade aplicada: prática

1. O romantismo e o idealismo alemães se mostraram essenciais para a formação do pensamento filosófico ocidental moderno e contemporâneo. Em meio às discussões racionalistas, empiristas e kantianas, buscaram dar uma nova e autêntica resposta aos anseios humanos na busca de sentido, da origem do conhecimento e de novos passos no desenvolvimento científico e nas relações políticas e sociais. Uma das questões que marcaram o período e se desdobram até a atualidade é a compreensão da razão de maneira objetiva e subjetiva. Elabore um quadro para diferenciar o conceito de verdade filosófica para ambos os pensamentos e a proposta de Hegel como uma possível resposta para a questão.

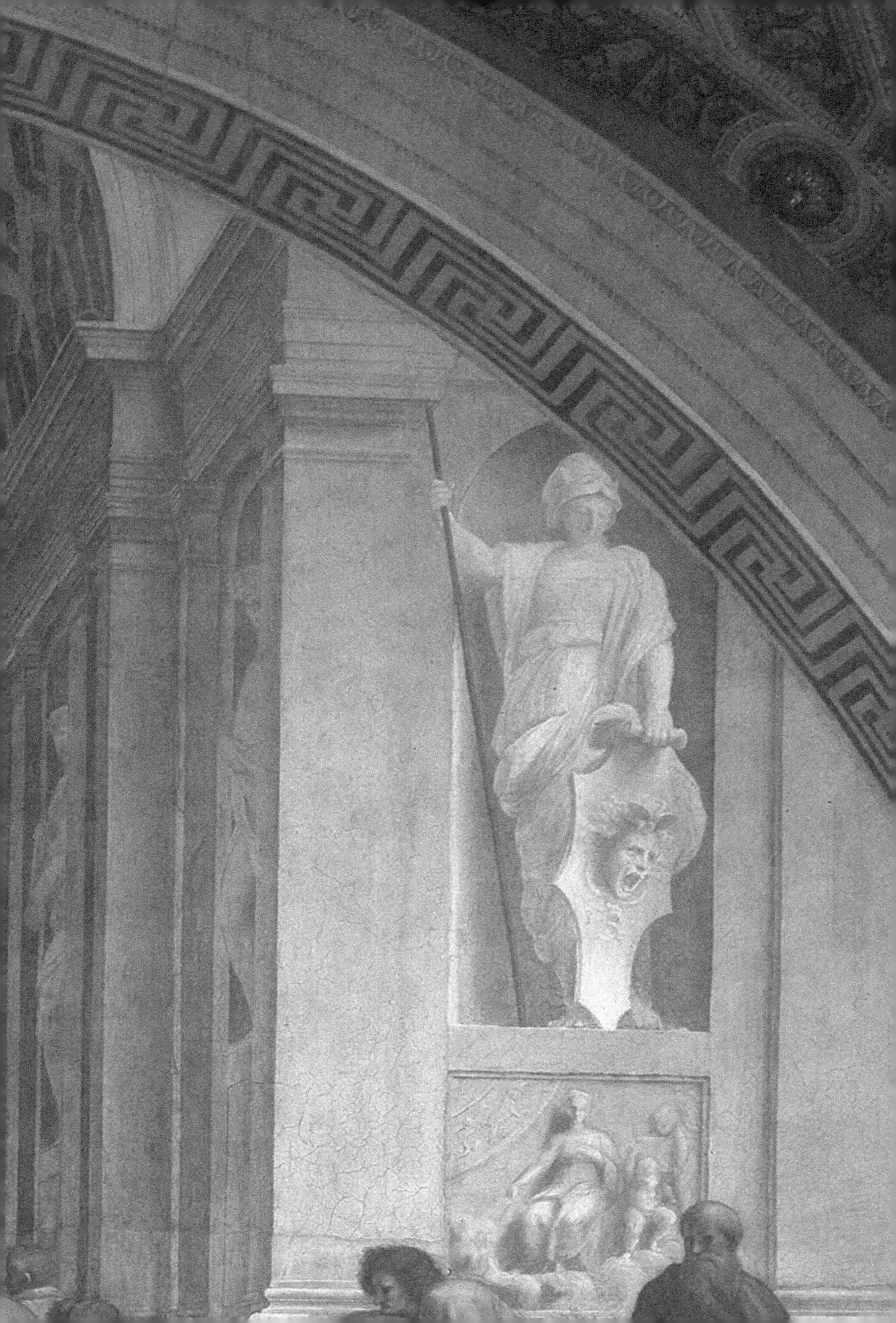

considerações finais

Após percorrer o itinerário pelos principais fatos históricos e problemas filosóficos que fizeram da modernidade um dos principais períodos da filosofia, tivemos a oportunidade de reconhecer ainda mais sua importância e a validade de suas proposições e de seus debates até os dias de hoje. Impulsionada pelo humanismo renascentista, a modernidade propiciou um novo olhar sobre o homem e sua condição, até então subjugado pelo universo religioso e eclesial.

Ao creditar à razão e à experiência a possibilidade de compreender os fenômenos naturais, fundou-se um novo estatuto científico capaz de explicar a natureza pela própria natureza. Desmistificando o mundo e as relações humanas, as monarquias absolutistas de direito divino cederam lugar à sociedade civil organizada em torno da ideia de um contrato social, constituído sobre valores constitucionais, liberais e democráticos.

Buscando a origem do conhecimento, vimos quão preciosas foram as teorias a esse respeito. Racionalistas e empiristas travaram um profundo e constante debate que enriqueceu a todos e fez que cada um melhorasse a qualidade de seus argumentos e pontos de vista. Quando pensamos que o debate já estava encerrado, emergiu o criticismo kantiano, unindo aquilo que se tinha de mais plausível entre racionalistas e empiristas para criar e sustentar sua teoria. Neste ínterim, com os iluministas, a razão encontrou seu auge e somente por meio dela, no século das luzes, foram concebidos o progresso e a felicidade humana. Reivindicando o papel do sujeito, a via dos sentimentos contra um racionalismo exacerbado, entre outros elementos, românticos e idealistas alemães redescobriram a beleza e a simplicidade da vida ligada à natureza, a importância do amor pela pátria e o papel fundamental da arte na expressão daquilo que é mais próprio do espírito e da criatividade humana.

Em síntese, vislumbramos como a coragem e o amor pelo conhecimento tornaram possível a superação do medo e de padrões políticos, sociais, científicos e religiosos que já não respondiam às demandas do nascente homem moderno. Reconhecendo seus valores e suas capacidades, ele reinventou a si e o mundo seu redor; mesmo finito, descobriu-se infinito na capacidade de pensar, de sentir e de criar. A modernidade o ensinou a reconhecer aquilo que o ser humano tem de melhor dentro de si. Por romper interditos e propor novos caminhos para a vida em todos os seus campos e sentidos, esse período da filosofia influenciou profundamente o pensamento contemporâneo, lançando raízes até a atualidade.

Finalizamos esta obra acreditando na força transformadora do pensamento e em sua capacidade de tornar as pessoas mais livres e autônomas. Ela se aplica àqueles que acreditam na educação e na filosofia e se desdobra em horizontes de pesquisa, de reflexão e de aprofundamento aos que querem fazer da filosofia sua vida e seu ofício. Tendo acabado ou não, como muitos pensadores ainda discutem, a modernidade continua produzindo muitos frutos e questionamentos até os dias atuais.

referências

ABBAGNANO, N. **Dicionário de filosofia**. Tradução de Alfredo Bosi. 4. ed. São Paulo: M. Fontes, 2000.

_____. **Storia della filosofia**. Torino: Utet, 1960. v. II.

AQUINO, J. E. F. de. Blaise Pascal: os limites do método geométrico e a noção de "coração". **RevistaTrans/Form/Ação**, São Paulo, v. 31, n. 2, p. 39-59, 2008. Disponível em: <http://www.scielo.br/pdf/trans/v31n2/03.pdf>. Acesso em: 7 maio 2019.

ARANHA, M. L. de A.; MARTINS, M. H. P. **Filosofando**: introdução à filosofia. 3. ed. São Paulo: Moderna, 2003.

BACON, F. **NovumOrganum**. Tradução de J. A. Reis de Andrade. São Paulo: Abril Cultural, 1973. (Coleção Os Pensadores).

BARBOSA, T.; NUNES, J. O. R. Kant e a estética romântica germânica: da paisagem de Humboldt à geografia científica. **Synesis**, v. 3, n. 1, p. 63-85, 2011. Disponível em: <http://seer.ucp.br/seer/index.php/synesis/article/view/64/92>. Acesso em: 6 maio 2019.

BERKELEY, G. **Tratado sobre os princípios do conhecimento humano**. Tradução de A. Sérgio. São Paulo: Abril Cultural, 1973.

_____. _____. Tradução de A. Sérgio. São Paulo: Nova Cultural, 1989. (Coleção Os Pensadores).

BOBBIO, N. **Estado, governo, sociedade**: fragmentos de um dicionário político. Rio de Janeiro: Paz e Terra, 2017.

BODIN, J. Os seis livros da República. In: CHEVALLIER, J.-J. **As grandes obras políticas**: de Maquiavel a nossos dias. Rio de Janeiro: Agir, 1976. p. 50-64.

BRÉHIER, E. **História da filosofia**. Tradução de Eduardo Sucupira Filho. São Paulo: Mestre Jou, 1977. Tomo II: A Filosofia Moderna.

CARVALHO, J. M. de. **Filosofia da cultura**: Delfim Santos e o pensamento contemporâneo. Porto Alegre: EDIPUCRS, 1999.

_____. **História da filosofia e tradições culturais**: um diálogo com Joaquim de Carvalho. Porto Alegre: EDIPUCRS, 2001.

CARVALHO, M. de. **Conhecimento e devaneio**: Gaston Bachelard e a androginia da alma. Rio de Janeiro: Mauad, 2013.

CHAUI, M. **Convite à filosofia**. 9. ed. São Paulo: Ática, 1997.

COTRIM, G. **Fundamentos da filosofia**: história e grandes temas. São Paulo: Saraiva, 2008.

CRISTOFOLINI, P. Baruch Spinoza. In: PRADEAU, J.-F. (Org.). **História da filosofia**. Tradução de James Bastos Arêa e Noéli Correia de Melo Sobrinho. Rio de Janeiro: Ed. PUC-Rio; Petrópolis: Vozes, 2012. p. 233-242.

DALBOSCO, C. A. **Kant e a educação**. São Paulo: Autêntica, 2011.

DESCARTES, R. **Discurso do Método. Meditações. Objeções e respostas. As paixões da Alma. Cartas**. Tradução de J. Guinsburg e Bento Prado Júnior. São Paulo: Abril Cultural, 1973.

_____. **Discurso do método**. Tradução de J. Guinsburg e Bento Prado Júnior. São Paulo: Nova Cultural, 1996.

_____. _____. Tradução de Maria Ermantina Galvão. 2. ed. São Paulo: M. Fontes, 2001.

DUDLEY, W. **Idealismo alemão**. Tradução de Jacques A. Wainberg. Petrópolis: Vozes, 2013.

ESPINOSA, B. de. **Breve tratado de Deus, do homem e do seu bem-estar**. Tradução de Emanuel Angelo da Rocha Fragoso e Luís César Guimarães Oliva. São Paulo: Autêntica, 2012.

_____. **Correspondência**. Tradução de Marilena Chaui et al. São Paulo: Abril Cultural, 1973. (Coleção Os Pensadores).

_____. **Princípios da filosofia cartesiana e pensamentos metafísicos**. Tradução de Homero Santiago e Luís César Guimarães Oliva. Belo Horizonte: Autêntica, 2015.

FALCON, F. J. C. **Iluminismo**. 4. ed. São Paulo: Ática, 2009.

_____. **Mercantilismo e transição**. São Paulo: Brasiliense, 1991.

FALCON, F.; MOURA, G. **A formação do mundo contemporâneo**: a transição do feudalismo ao capitalismo. Belo Horizonte: Campus, 1991.

FEIJÓ, R. **Economia e filosofia na Escola Austríaca**: Menger, Mises e Hayek. São Paulo: Nobel, 2000.

FERRAZ NETO, J. (Org.). **Correntes modernas de filosofia**. São Paulo: Pearson, 2015.

FERREIRA, F. L. **História da filosofia moderna**. Curitiba: InterSaberes, 2015.

FREITAS, G. de. **900 textos e documentos de história**: Lisboa: Plátano, 1976.

GLAUSER, R. George Berkeley. In: PRADEAU, J.-F. (Org.). **História da filosofia**. Tradução de James Bastos Arêa e Noéli Correia de Melo Sobrinho. Rio de Janeiro: Ed. PUC-Rio; Petrópolis: Vozes, 2012. p. 282-290.

GRANADA, M. A. O mundo e o poema: continuidade e transformação da filosofia no Renascimento. In: PRADEAU, J.-F. (Org.). **História da filosofia**. Tradução de James Bastos Arêa e Noéli Correia de Melo Sobrinho. Rio de Janeiro: Ed. PUC-Rio; Petrópolis: Vozes, 2012. p. 178-190.

HEGEL, G. W. F. **Fenomenologia do Espírito**. Tradução de Paulo Meneses. Petrópolis: Vozes, 1992. 2 v.

HOBBES, T. **Leviatã**. Tradução de João Paulo Monteiro e Maria Beatriz Nizza da Silva. São Paulo: Abril Cultural, 1974. (Coleção Os Pensadores).

HOTTOIS, G. **De la Renaissance à la postmodernité**: une histoire de la philosophiemoderne et contemporaine. Bruxelles: De BoeckUniversité, 1997.

HUISMAN, D. **Dicionário de obras filosóficas**. Tradução de Ivone Castilho Benedetti. São Paulo: M. Fontes, 2000.

_____. **Dicionário dos filósofos**. Tradução de Claudia Berliner et al. São Paulo: M. Fontes, 2001.

HUME, D. **Ensaios morais, políticos e literários**. Tradução de João Paulo Gomes. São Paulo: Abril Cultural, 1986. (Coleção Os Pensadores).

_____. **Investigação sobre o entendimento humano**. Tradução de Leonel Vallandro. São Paulo: Abril Cultural, 1980. (Coleção Os Pensadores).

_____. **Investigações acerca do entendimento humano**. Tradução de Anoar Aiex. São Paulo: Editora Nacional, 1972.

JAFFRO, L. John Locke. In: PRADEAU, J.-F. (Org.). **História da filosofia**. Tradução de James Bastos Arêa e Noéli Correia de Melo Sobrinho. Rio de Janeiro: Ed. PUC-Rio; Petrópolis: Vozes, 2012. p. 243-250.

KANT, I. **Crítica da faculdade do juízo**. Tradução de Valério Rohden e Antônio Marques. 2. ed. Rio de Janeiro: Forense Universitária, 2008.

_____. **Crítica da razão pura**. Tradução de Valério Rohden e Udo Balgur Moosburger. 2. ed. São Paulo: Abril Cultural, 1983. (Coleção Os Pensadores).

_____. _____. Tradução de Valério Rohden e Udo Balgur Moosburger. São Paulo: Nova Cultural, 1996. (Coleção Os Pensadores).

_____. **Fundamentação da metafísica dos costumes**. Tradução de Paulo Quintela. Lisboa: Edições 70, 2007.

_____. **Prolegómenos a toda a metafísica futura**. Tradução de Artur Morão. Lisboa: Edições 70, 1987.

_____. Resposta à pergunta: que é esclarecimento? In: _____. **Textos seletos**. Tradução de Raimundo Vier e Floriano de Sousa Fernandes. Edição Bilíngue. Petrópolis: Vozes, 1985. p. 100-116.

KENNEDY, P. **Ascensão e queda das grandes potências**: transformação econômica e conflito militar de 1500 a 2000. Tradução de Waltensir Dutra. Rio de Janeiro: Campus, 1989.

LEIBNIZ, G. W. **Os princípios da filosofia ditos a monadologia**. Tradução de Marilena Chaui. São Paulo: Abril Cultural, 1974. (Coleção Os Pensadores).

LIMA, L. de S.; PEDRO, A. Das monarquias nacionais ao Absolutismo. In: ____. **História da civilização ocidental**. São Paulo: FTD, 2005. p. 142-147.

LOCKE, J. **Ensaio acerca do entendimento humano**. Tradução de Anoar Aiex. 2. ed. São Paulo: Abril Cultural, 1979. (Coleção Os Pensadores).

____. **Segundo Tratado sobre o governo**. Tradução de Anoar Aiex e E. Jacy Monteiro. São Paulo: Abril Cultural, 1973. (Coleção Os Pensadores).

MAGEE, B. **História da filosofia**. Tradução de Marcos Bagno. 3. ed. São Paulo: Loyola, 2001.

MAQUIAVEL, N. **O Príncipe**. Tradução de Lívio Xavier. São Paulo: Abril Cultural, 1973. (Coleção Os Pensadores).

MILL, J. S. **Sistema de lógica dedutiva e indutiva**. Tradução de João Marcos Coelho. São Paulo: Abril Cultural, 1974. (Coleção Os Pensadores).

MONDIN, B. **Introdução à filosofia**: problemas, sistemas, autores, obras. Tradução de J. Renard. São Paulo: Paulinas, 1980.

MONTESQUIEU. **Do Espírito das Leis**. Tradução de Fernando Henrique Cardoso e Leôncio Martins Rodrigues. São Paulo: Abril Cultural, 1973. (Coleção Os Pensadores).

MORETTO, F. L. M. Introdução. In: ROUSSEAU, J-J. **Júlia ou A nova Heloísa**. Tradução de Fúlvia Moretto. São Paulo: Hucitec, 1994.

MOTA, M. B.; BRAICK, P. R. **História**: das cavernas ao terceiro milênio. São Paulo: Moderna, 1997.

NEWTON, I. **Princípios matemáticos da filosofia natural**. Tradução de Helda Barraco et al. São Paulo: Abril Cultural, 1974. (Coleção Os Pensadores).

OLIVEIRA, A. S. de. et al. **Introdução ao pensamento filosófico**. 8. ed. São Paulo: Loyola, 2005.

PADOVAN JUNIOR, M. A. **Compêndio de história da música geral e brasileira**. Ribeirão Preto, 2015. E-book.

PASCAL, B. **L'art de persuader**. Paris: Seuil, 1963.

_____. **Pensamentos**. Tradução de Mário Laranjeira. São Paulo: Martins Fontes, 2001.

_____. _____. Tradução de Olívia Bauduh. São Paulo: Nova Cultural, 1999. (Coleção Os Pensadores).

PEREIRA FILHO, A. J.; BRANDÃO, R. **História e filosofia**: uma introdução às reflexões filosóficas sobre a história. Curitiba: InterSaberes, 2013.

REALE, G.; ANTISERI, D. **História da filosofia**: de Spinoza a Kant. Tradução de Ivo Storniolo. 3. ed. São Paulo: Paulus, 2009a. v. 4.

_____. **História da filosofia**: do Humanismo a Descartes. Tradução de Ivo Storniolo. 3. ed. São Paulo: Paulus, 2009b. v. 3.

_____. **História da filosofia**: do Humanismo a Kant. Tradução de L. Costa e H. Dalbosco. 8. ed.São Paulo: Paulinas, 1990. v. 2.

_____. **História da filosofia**: do Romantismo ao Empiriocriticismo. Tradução de Ivo Storniolo. 2. ed. São Paulo: Paulus, 2007. v. 5.

ROUSSEAU, J-J. **Discurso sobre economia política e do contrato social**. Tradução de Maria Constança Peres Pissarra. Petrópolis: Vozes, 1996.

_____. **Do contrato social**. Tradução de Lourdes Santos Machado. São Paulo: Abril Cultural, 1973. (Coleção Os Pensadores).

SAFRANSKI, R. **Romantismo**: uma questão alemã. Tradução de Rita Rios. São Paulo: Estação Liberdade, 2010.

SANDLER, P. C. **Apreensão da realidade psíquica**. Rio de Janeiro: Imago, 2000. v. II: Os primórdios do movimento romântico e a psicanálise.

SCRIBANO, E. René Descartes. In: PRADEAU, J.-F. (Org.). **História da filosofia**. Tradução de James Bastos Arêa e Noéli Correia de Melo Sobrinho. Rio de Janeiro: Ed. PUC-Rio; Petrópolis: Vozes, 2012. p. 199-211.

SILVA, F. L. e.**Descartes**: a metafísica da modernidade. 2. ed. São Paulo: Moderna, 2005.

SMITH, A. **A riqueza das nações**: investigação sobre sua natureza e suas causas. Tradução de Eduardo Lúcio Nogueira e Rolf Kuntz. São Paulo: Abril Cultural, 1974. (Coleção Os Economistas).

STIGAR, R. O padrão do gosto em David Hume. **Revista Filosofia Capital**, Brasília, v. 6, n. 12, p. 45-57, jan. 2011. Disponível em: <http://www.educadores.diaadia.pr.gov.br/arquivos/File/2010/artigos_teses/FILOSOFIA/Artigos/gosto_davi_hume.pdf>. Acesso em: 7 maio 2019.

STRICKLAND, C. **Arte comentada**: da Pré-História ao pós--moderno. Tradução de Angela Lobo de Andrade. Rio de Janeiro: Ediouro, 2003.

VOLOBUEF, K. **Frestas e arestas**: a prosa de ficção do romantismo na Alemanha e no Brasil. São Paulo: Ed. da Unesp, 1999.

WAXMAN, W. David Hume. In: PRADEAU, J.-F. (Org.). **História da filosofia**. Tradução de James Bastos Arêa e Noéli Correia de Melo Sobrinho. Rio de Janeiro: Ed. PUC-Rio; Petrópolis: Vozes, 2012. p. 307-320.

WEFFORT, F. C. (Org.). **Clássicos da política**: Maquiavel, Hobbes, Locke, Montesquieu, Rousseau, "O federalista". 2. ed. São Paulo: Ática, 1991. (Coleção Fundamentos, v. 1).

ZENI, B.; FURLAN, S. **Romantismo e realismo na literatura portuguesa**. Curitiba: Iesde, 2012.

bibliografia comentada

ABBAGNANO, N. **Dicionário de filosofia**. Tradução de Alfredo Bosi. 4. ed. São Paulo: M. Fontes, 2000.
Entre as várias possibilidades de se estudar e aprender filosofia, uma das mais importantes é o conhecimento dos principais conceitos e autores. Reunindo os mais destacados verbetes desde a filosofia antiga até a filosofia contemporânea, essa obra atravessa gerações

e oferece aos estudantes amantes do saber a possibilidade de maior aprofundamento filosófico. Em suas densas páginas está disponível um vasto reportório das possibilidades de filosofar oferecidas pelos conceitos da linguagem filosófica.

ALIGHIERI, D. **A divina comédia**. Tradução de Cristiano Martins. 8. ed. Belo Horizonte: Itatiaia, 2006.

O poeta, que representa os seres humanos, percorre os três reinos do além: Inferno, Purgatório e Paraíso. É um poema, uma epopeia, mas também uma súmula, uma espécie de enciclopédia viva dos acontecimentos da época. Pertence ao tesouro das obras inexauríveis, uma profunda e emocionante viagem que marca a passagem do mundo medieval para o mundo moderno.

ARANHA, M. L. de A.; MARTINS, M. H. P. **Filosofando**: introdução à filosofia. 3. ed. São Paulo: Moderna, 2003.

A proposta pedagógica desse trabalho de pesquisa e instrumento de ensino está na articulação dos principais temas do pensamento filosófico com o percurso histórico em que estão inscritos. A escolha e a organização da temática se deu pelo interesse de desenvolver nos educandos as competências necessárias para a construção do pensamento autônomo, da capacidade de argumentação crítica e do exercício da cidadania. Com atividades diversificadas, linguagem clara e objetiva, a obra torna a filosofia acessível a todos os públicos, especialmente aos que estão dando os primeiros passos nesse campo e universo do saber.

CHAUI, M. **Convite à filosofia**. 9. ed. São Paulo: Ática, 1997.

A obra representa um marco significativo para o ensino da Filosofia no Brasil, fruto do trabalho de uma importante pensadora brasileira.

Por meio de linguagem acessível, trata de maneira contextualizada os temas importantes da reflexão filosófica, conduzindo à profundidade dos grandes pensadores. Proporciona um importante exercício do pensamento que fomenta a reflexão crítica e amplia os horizontes dos que desejam aprofundar seus conhecimentos por meio dos principais temas e autores da história da filosofia.

HEGEL, G. W. F. **Fenomenologia do espírito**. Tradução de Paulo Meneses. Petrópolis: Vozes, 1992. 2 v.

O conceito de dialética tornou Hegel um dos principais pensadores da história da filosofia moderna e contemporânea. Em sua obra clássica, pretende iniciar sua tentativa de construir um sistema de filosofia em que a fenomenologia possa desempenhar a função de ser uma introdução à ciência. Seu objetivo foi articular com o fio de um discurso científico ou com a necessidade de uma lógica as figuras do sujeito ou da consciência que se desenham no horizonte de seu afrontamento com o mundo objetivo.

HUISMAN, D. **Dicionário de obras filosóficas**. Tradução de Ivone Castilho Benedetti. São Paulo: M. Fontes, 2000.

Buscando proporcionar maior aprofundamento das principais obras filosóficas, o dicionário foi construído de modo que a consulta de cada verbete fosse fácil, a fim de que as informações fossem encontradas rapidamente, com o resumo claro e conciso, a análise das principais ideias e noções e suas influências no contexto da história da filosofia. Por reunir em suas páginas o resumo e a explicação das principais obras, esse dicionário se torna imprescindível para os estudantes que desejam conhecer e se aprofundar em temas e autores fundamentais que marcaram profundamente a história do pensamento.

HUISMAN, D. **Dicionário dos filósofos**. Tradução de Claudia Berliner et al. São Paulo: M. Fontes, 2001.

Diante da pergunta "quem é o filósofo?", Huisman responde que é um homem que se interroga sobre as ideias, as palavras e as coisas que os outros homens aprendem sem colocar nenhuma questão. Justificando a validade de sua obra, para o autor, era preciso nomear e recensear os filósofos, saber quem são e como pensam. A ambição intelectual desse dicionário se dá por um único princípio: confrontar os principais filósofos com base em suas vidas, em suas obras e em suas contribuições para a história do pensamento. Geral e particular, universal e singular, é um instrumento de trabalho, mas também um símbolo de reconhecimento e de gratidão aos pensadores de ontem e de hoje.

HUME, D. **Tratado da natureza humana**. Tradução de Débora Danowski. 2. ed. São Paulo: Ed. da Unesp, 2009.

A obra tem por objetivo mostrar as principais ideias e a grandeza do pensamento do filósofo escocês para a história da filosofia moderna. Ajuda-nos a compreender como Hume, partindo da filosofia de Bacon e do empirismo de Locke, elaborou sua reflexão ceticista, fazendo a crítica da filosofia tradicional e estabelecendo ideias importantes para a formulação da filosofia de Kant.

KANT, I. **Crítica da razão pura**. Tradução de Fernando Costa Mattos. Petrópolis: Vozes, 2012.

A genialidade de Kant divide a história da filosofia em duas partes: antes e depois de suas críticas. Em uma de suas obras de maior destaque, procurou demonstrar que o conhecimento é tanto empírico como racional, podendo inaugurar uma posição no debate filosófico e criar novas bases para a gnosiologia. Adentrar no universo dessa obra é aceitar o desafio colocado pelo próprio Kant de evitar o dogmatismo sem cair no relativismo, e de evitar o absoluto sem cair no nada.

LEIBNIZ, G. W. **Discurso de metafísica e outros textos**. Tradução de Marilena Chaui e Alexandre da Cruz Bonilha. São Paulo: M. Fontes, 2004.

Filósofo, cientista e matemático, Leibniz deixou uma vasta obra, a qual abrange a maioria dos assuntos filosóficos, científicos e políticos de seu tempo. Nessa obra, apresenta seu sistema metafísico, com o qual pretende conciliar teologia, filosofia e ciência.

MAQUIAVEL, N. **O Príncipe**. Tradução de Lívio Xavier. São Paulo: Abril Cultural, 1973. (Coleção Os Pensadores).

O pensamento filosófico de Nicolau Maquiavel foi fundamental para o desenvolvimento político da modernidade. Essa, sem sombra de dúvidas, foi sua obra-prima e um divisor de águas na compreensão política de seu tempo. Em suas páginas, Maquiavel descreve e analisa como o governante deve agir, quais estratégias e artifícios deveria desenvolver para conquistar e se manter no poder. Para ele, legitimidade e força de um governo não estão vinculadas ao poder divino, mas às habilidades pessoais e políticas do príncipe.

MONDIN, B. **Introdução à filosofia**: problemas, sistemas, autores, obras. Tradução de J. Renard. São Paulo: Paulinas, 1980.

O texto se apresenta como um guia metodológico e prático para o estudo da filosofia. Com uma linguagem prática e abordando os principais temas e pensadores, a obra está dividida em quatro partes: I. estudo dos principais problemas filosóficos (lógico, gnosiológico, linguístico, cosmológico, antropológico, metafísico, religioso, ético, pedagógico, político e social, estético e histórico); II. reflexão sobre os principais sistemas e escolas filosóficas (jônica, eleia, atomista, sofista, socrática, platônica, aristotélica, estoica, epicurista, neoplatônica, agostiniana, tomista, franciscana, nacionalista, empirista, iluminista, idealista, voluntarista, positivista, marxista, existencialista e neopositivista); III. análise dos grandes filósofos (biografias e obras); IV. guia para a leitura de algumas obras filosóficas (*Fédon*, *Discurso do método*, *A missão do sábio*, *O manifesto*).

PRADEAU, J.-F. (Org.). **História da filosofia**. Tradução de James Bastos Arêa e Noéli Correia de Melo Sobrinho. 2. ed. Rio de Janeiro: Ed. PUC-Rio; Petrópolis: Vozes, 2012.

A obra conduz o leitor entre os pensamentos dos filósofos da Antiguidade grega até os pensadores que hoje refletem sobre a natureza, as novas tecnologias e os governos. Visando oferecer uma síntese referente a cada filósofo e suas principais obras, o livro conta com a contribuição de dez autores de nacionalidades distintas que, de maneira didática, apresentam o conjunto de conhecimentos filosóficos presentes na tradição ocidental desde suas origens até nossos dias. A retomada do contexto em que cada filósofo viveu e produziu e sua relação com o presente representam uma importante ferramenta para o exercício do pensar.

REALE, G.; ANTISERI, D. **História da filosofia**: do Humanismo a Descartes. Tradução de Ivo Storniolo. 3. ed. São Paulo: Paulus, 2009. v. 3.

Em meio à história da filosofia, deparamo-nos com a história dos problemas filosóficos e o desenvolvimento de seus argumentos favoráveis e contrários. De maneira didática e com uma linguagem que abrange todos os públicos, a obra oferece um panorama desde os primórdios do humanismo renascentista até a filosofia cartesiana, importante referência para os desdobramentos do pensamento moderno.

REALE, G.; ANTISERI, D. **História da filosofia**: de Spinoza a Kant. Tradução de Ivo Storniolo. 3. ed. São Paulo: Paulus, 2009. v. 4.
O pensamento filosófico moderno é caracterizado, entre outros aspectos, pela rivalidade entre racionalistas e empiristas. Em torno dessas duas correntes filosóficas, inúmeros pensadores deram sua contribuição e alargaram o debate sobre a teoria do conhecimento e as questões que dela brotaram. Entre franceses e ingleses, despontou um alemão: Immanuel Kant e seu criticismo, a partir de cuja obra a história da filosofia nunca mais foi a mesma. A obra possibilita compreender a filosofia antes, durante e depois do pensamento kantiano, de suas raízes até seus desdobramentos na atualidade.

respostas

Capítulo 1

Atividades de autoavaliação

1. c
2. d
3. c

4. c
5. c

Atividades de aprendizagem

Questões para reflexão

1. Entre outras finalidades para o uso do método, a partir da modernidade destacamos as seguintes: conduzir à descoberta de uma verdade até então desconhecida; permitir a demonstração e a prova de uma verdade já conhecida; permitir a verificação de conhecimentos para averiguar se são ou não verdadeiros; adquirir, demonstrar ou verificar conhecimentos.

2. Entre os fatores a serem considerados para o período das chamadas *Grandes Navegações*, podemos destacar os seguintes: a necessidade de romper o monopólio comercial das cidades italianas com o Oriente; a tomada de Constantinopla pelos turcos otomanos e as dificuldades de comércio decorrentes; o aperfeiçoamento das técnicas e dos instrumentos de navegação; o desejo de estabelecer novas rotas comerciais; a necessidade de encontrar novas matérias-primas e riquezas.

3. Diante da imensidão dos mares e dos oceanos, alguns elementos que justificavam o medo das pessoas em empreender longas viagens eram: a convicção da existência de monstros marinhos e de cidades submersas, responsáveis pelos constantes naufrágios; a firme crença de que o mar era o caminho pelo qual a Peste Negra havia chegado à Europa; as advertências contidas nas epopeias e nos relatos de viagens sobre os perigos do Mar Oceano; o mito do abismo do mar.

4. No período em que o Teocentrismo ocupava o centro das reflexões filosóficas, Deus era visto como o centro de todas as coisas e dele tudo dependia; nesse sentido, o ser humano era visto como dependente. Com o advento do antropocentrismo filosófico na modernidade, o homem

passou a ser o centro da reflexão filosófica e a buscar em si as respostas para as questões, não mais se apoiando em argumentos metafísicos. Nesse sentido, passou a ter mais liberdade e autonomia para desenvolver teorias e redescobriu o valor dos sentimentos, dos sentidos, do próprio corpo como fundamentais para a realização humana neste plano e não em outro (céu/inferno).

5. Considerado uma das principais políticas econômicas da modernidade, podemos dizer que o mercantilismo se tornou viável pelas seguintes características: protecionismo estatal, criação de mercados exclusivos, implantação de altas taxas alfandegárias, acúmulo de metais preciosos (ouro e prata) e exploração de matéria-prima das novas colônias conquistadas nas Grandes Navegações.

6. A diferença básica entre o rei do sistema feudal e o soberano em uma monarquia absolutista é que durante o feudalismo havia inúmeros reinos em um mesmo país, o que fazia que o poder fosse fracionado e, ao mesmo tempo, restrito a um território. Já na criação da monarquia absolutista, em um país ou nação havia apenas um rei, chamado de *soberano*, que tinha exercia o poder sobre todo o território e seus indivíduos, governando de maneira absoluta e concentrando sobre si todas as funções do Estado.

7. Com a concepção do Estado de Natureza, o indivíduo, para Hobbes, é alguém mau por natureza e precisa das leis e do controle do Estado para viver em harmonia com todos. Ao contrário, para Rousseau, o indivíduo é bom por natureza e, assim, vivendo de modo natural, consegue conviver de maneira pacífica e sem conflitos. Para Rousseau, a vida em sociedade e a busca por propriedades e riquezas pessoais é que corrompe o homem e desvirtua sua bondade nata.

Atividade aplicada: prática

1.

Elementos	Características e contribuições
1) Visão antropológica	Durante a Idade Média, havia desvalorização do corpo em detrimento do cuidado com o espírito. Com o Renascimento, descobriu-se a importância da pessoa, do sujeito, da corporeidade, dos sentimentos e passou-se a uma visão positiva da vida.
2) Superação do Teocentrismo	Antes da modernidade, buscavam-se em Deus respostas para a vida e para a organização da sociedade. Tudo dependia de sua vontade. Depois, o ser humano passou a ser o centro da vida, da história e do mundo; o homem como senhor de si.
3) Estatuto científico	As ciências no período medieval eram basicamente especulativas e buscavam compreender o ser das coisas (dedução). Com o Renascimento, as ciências buscaram mostrar o funcionamento prático do mundo por meio da observação (indução).
4) Florescimento da razão	A fé que foi importante no contexto medieval encontrou seu ocaso na idade da razão. As coisas só podiam ser conhecidas e explicadas por meio da razão; somente a razão era capaz de emancipar o ser humano, pois fora da razão só existem crenças.
5) Importância da experiência	Para a modernidade, uma coisa ou ideia só tinha valor à medida em que podia ser conhecida e verificada. Contra um mundo ideal e abstrato, a experiência se tornou fundamental na produção de novos conhecimentos e na busca pela verdade.
6) Formação do Estado	A política, até então organizada em torno dos reis, dos imperadores e da Igreja, viu nascer o Estado Moderno e suas novas formas de participação social. O Estado era aquele que deveria defender a paz entre os cidadãos e os interesses coletivos.
7) Novos meios de produção	Com o processo de industrialização, as máquinas passaram a fazer parte do processo de produção, ampliando a quantidade e a qualidade dos produtos. Essa novidade permitiu a ampliação dos negócios e a busca de novos mercados, até mesmo internacionais, e de novas colônias consumidoras.
8) Processo de urbanização	Com o processo de industrialização e as dificuldades na vida do campo, muitas pessoas foram para as cidades em busca de trabalho e de melhores condições de vida. Sem projetos de infraestrutura e com uma enorme população, as cidades se tornaram espaços de vulnerabilidade social e de difusão de inúmeras doenças e pragas.

(continua)

(conclusão)

Elementos	Características e contribuições
9) Padrões artísticos e culturais	Em termos artísticos e culturais, o humanismo renascentista resgatou os padrões da Antiguidade, enfatizando a beleza do corpo, a força, a perfeição dos detalhes, rompendo com o modelo de arte sacra fundado na Bíblia e incentivado pela Igreja.
10) Liberdade de consciência	Com o advento das ciências, a influência da Reforma Protestante e a nova visão sobre o ser humano, a modernidade vivenciou um tempo de profunda liberdade para expressar seus pensamentos, suas teorias, suas novas compreensões sobre a vida, as ciências, a sociedade e a Igreja.

Capítulo 2

Atividades de autoavaliação

1. c
2. d
3. a
4. vontade de Deus; tradição; elite; vontade do povo.
5. b

Atividades de aprendizagem

Questões para reflexão

1. Entre as funções do Estado Moderno, destacamos: a Administração Pública, a captação de recursos por meio de taxas e de impostos, a criação de leis, a fiscalização, a manutenção da ordem pública, a aplicação da justiça, a organização de forças de segurança, a decisão sobre entrar em conflito com outras nações ou de permanecer em paz.

2. O Estado Absolutista pode ser considerado um Estado totalitário, ao passo que é destinado a manter os privilégios da realeza, organizado em vista de controlar as classes populares e de mantê-las passivas.

3. Para alguns pensadores da época, em um Estado absolutista o poder do rei se fundamentava em Deus. Para os absolutistas, o rei governava por vontade de Deus, considerado seu representante na Terra.

4. As duas características que permitem uma aproximação entre o *Leviatã* e o Estado na concepção política de Hobbes são as seguintes: primeiro, o Leviatã, na concepção bíblica, era um monstro marinho repleto de força e de poder, então, assim como ele, o Estado deveria ser forte e poderoso o suficiente para controlar os indivíduos e garantir a paz; segundo, na mesma proporção que o Leviatã era um mostro, garantia a vida dos peixes pequenos que ficavam a seu redor, então, sendo o Estado rico em poder e força, seria a única maneira de garantir a convivência social e a proteção dos que dele fizessem parte.

5. Para Locke, o principal papel do Estado é garantir os direitos individuais, como a propriedade e a posse. Antes de pensar na coletividade, o Estado deve dar garantias de que cada pessoa possa se desenvolver sem que uma interfira negativamente ou de maneira violenta na vida da outra e em seus bens conquistados.

6. Ao propor a divisão do poder em três poderes distintos e autônomos, Montesquieu estava preocupado com o uso abusivo do poder por parte do soberano. Para ele, o acúmulo de poder pode corromper as pessoas e prejudicar o desenvolvimento de uma nação; então, o poder dividido estabelece um equilíbrio entre as forças e evita posturas tirânicas e despóticas.

7. Podemos destacar as seguintes características fundamentais para compreender o liberalismo econômico por meio de suas propostas e práticas: a exigência de um menor controle do Estado sobre as formas de produção e de comércio; o reconhecimento do dinheiro como forma

de riqueza e não somente propriedades e metais preciosos; e uma nova compreensão sobre o trabalho, que deve ser dividido, especializado e remunerado, em vista de menores custos de produção, maiores vendas e melhores lucros.

Atividade aplicada: prática

1.

Tópicos	Sistema feudal	Estado Moderno
1) Autoridade	Senhores feudais	Soberano, Assembleia
2) Poder	Senhores feudais	Soberano, Assembleia
3) Território	Divididos em feudos	Estados Nacionais centralizados
4) Leis	Próprias a cada feudo	Comuns para toda nação
5) Administração	Senhores feudais e governantes locais	Centralizada no Estado e no seu aparato administrativo
6) Governo	Instável (guerras e disputas internas)	Estável (representatividade e vontade do povo)
7) Interesses	Senhores feudais, clero; aristocratas	Burguesia, camponeses, comerciantes, revolucionários
8) Moeda	Diversas	Unificada
9) Religião	Centrada na Igreja Romana	Estado laico, igrejas nacionais
10) Formas de produção	Agricultura, artesanatos (mundo rural)	Manufaturas, indústrias (mundo urbano)

Capítulo 3

Atividades de autoavaliação

1. d
2. a
3. b
4. d
5. c

Atividades de aprendizagem

Questões para reflexão

1. Descartes iniciou sua reflexão filosófica realizando um balanço de tudo o que sabia e conhecia, sobretudo a formação que havia recebido de seus preceptores e professores, por meio de livros e de viagens e no convívio social. Ao fim, concluiu que tudo que aprendera, que sabia e conhecera pela experiência era duvidoso e incerto. Decidiu, então, não aceitar nenhum desses conhecimentos, a menos que pudesse provar racionalmente que eram corretos e dignos de confiança.

2. Segundo Descartes, para sabermos se um conhecimento é digno de confiança, precisamos submetê-lo a um exame crítico (método da dúvida). Nesse processo, o conhecimento deve passar pelo crivo da dúvida, levado à análise, à dedução, à indução, ao raciocínio e, assim, revelar-se indubitável para o pensamento puro.

3. As quatro regras fundamentais do método cartesiano na busca pelo conhecimento verdadeiro são: 1. evidência racional, alcançada mediante um ato intuitivo; 2. análise, alcançada mediante a decomposição do complexo em partes; 3. síntese, que deve partir dos elementos absolutos ou não dependentes; 4. controle, efetuado mediante a enumeração completa dos elementos analisados e a revisão das operações sintéticas.

4. Ao refletirmos sobre a originalidade do pensamento de Pascal com base em uma filosofia das razões do coração, podemos dizer que, para ele, a prioridade do pensamento era pensar a nós próprios, e não somente as coisas exteriores a nós. A tarefa principal do homem é conhecer a si mesmo, mas, para cumprir esse empreendimento, a razão não pode ajudar, dados os limites. Por isso, o melhor caminho para nos conhecermos é o caminho do coração.

5. Ao pensarmos as diferenças básicas entre a compreensão de Deus para Spinoza e para o pensamento religioso tradicional, podemos destacar os seguintes pontos: para Spinoza, Deus era causa imanente e não transcendente, exterior ao mundo, como pensam os cristãos; Deus e a natureza eram a mesma coisa, não existia uma separação entre Criador e criatura como defendem os crentes; 3. Deus é despersonalizado e geométrico, não é uma pessoa, uma entidade oculta, transcendente, alguém que tem vontade suprema, como defendem os fiéis.

6. *Mônada* é a expressão com que Leibniz traduz o termo grego *monás*, que significa "unidade" ou "aquilo que é uno". Trata-se de uma substância simples, uma entidade indivídua capaz de ação, e os princípios de suas ações são as percepções (representações) e as apetições (vontade). Por via de sua unidade e simplicidade, as mônadas são representáveis como os átomos de Demócrito, porém com a diferença de que não se tratam de átomos materiais ou físicos, e sim de átomos formais, não extensos.

7. O primeiro momento do método dialético hegeliano é a tese, que aqui corresponde à ideia, ao pensamento que temos formado. O segundo momento é a antítese, um pensamento diferente da tese, uma ideia que se mostra contrária. O terceiro e último momento é a síntese, que se forma pela conclusão da tese com a antítese, após o debate de ideias que chega a uma conclusão resumida; contudo, essa síntese passa a ser uma nova tese para uma dialética. Uma vez que esses movimentos se sucedem como um espiral e não se fecham, o conhecimento e as ideias estão continuamente se aperfeiçoando e se renovando.

Atividade aplicada: prática

1.

Fé	Características		Busca compreender a origem das coisas e o sentido da vida a partir de Deus.
	Pontos positivos		Diante das inúmeras questões da vida, oferece um horizonte de sentido e a capacidade de superação e crescimento pessoal e coletivo.
	Pontos negativos		Pode levar a uma visão negativa do mundo material, dos sentidos, dos sentimentos e dos desejos e à redução das possibilidades humanas.
Razão	Características		Busca compreender a origem das coisas e o sentido da vida por meio do uso da razão e do método científico.
	Pontos positivos		Proporciona uma maior compreensão de si, do mundo da natureza e das relações humanas por meio da história, da realidade, do mundo e das ciências.
	Pontos negativos		Pode levar a uma visão materialista da vida, puramente racional e lógica, desprovida de sentido, sentimentos e capacidade de realização humana.

Capítulo 4

Atividades de autoavaliação

1. c
2. a
3. d
4. b
5. b

Atividades de aprendizagem

Questões para reflexão

1. Para Locke, todas as pessoas nascem sem nenhum tipo de conhecimento. A mente humana inicialmente se assemelha a uma folha em branco, a uma tábula rasa, lisa, sem informações e registros prévios. É somente pelas experiências ao longo da vida que o ser humano produz conhecimento; todo saber é adquirido por meio de sentidos e de sensações.

2. Partindo do princípio de que todos nascemos iguais do ponto de vista do conhecimento, em termos políticos isso significou a possibilidade de questionar o absolutismo monárquico e o poder visto como um direito divino ou como um atributo inato. Tal compreensão abriu margens na modernidade para pensar um Estado liberalista e, posteriormente, democrático.

3. O método indutivo tem como características principais a observação e a generalização. De acordo com o pensamento indutivista, a ciência começa com a observação; esta, por sua vez, fornece uma base segura sobre a qual o conhecimento científico pode ser construído. Para os críticos, o limite da indução se dá no fato de que, se mesmo em experiências passadas determinado fato venha se confirmando, no futuro o resultado pode ser diferente. Assim, à ideia de indução é acrescentada a ideia de probabilidade.

4. Ao desenvolver suas ideias sobre o ceticismo, Hume apresentou para as ciências o conceito de probabilidade. De acordo com ele, nenhuma lei pode ser declarada universal mediante as experiências realizadas no passado, uma vez que, no futuro, diante de uma nova experiência, o resultado primeiro pode ser falseado; não é porque o sol nasceu ontem e hoje que ele nascerá amanhã.

5. Hobbes acreditava que a filosofia era a ciência dos corpos, na qual tudo tem existência material, e que os corpos são divididos em naturais (filosofia natural) e artificiais (filosofia política). Dentre as principais características de seu empirismo estão o materialismo (concepção de que tudo tem existência material, desprezando, portanto, a existência de seres imateriais) e o mecanicismo (concepção em que os fenômenos são explicados por causas mecânicas, ou seja, força e movimento). Tais opções o fizeram romper com as ideias metafísicas e religiosas, desprovidas de sentido e de significado para ele.

6. Entre outros pontos que poderíamos destacar como comuns tanto para o racionalismo quanto para o empirismo, destacamos a preocupação com o problema do conhecimento acerca da realidade, embora por métodos distintos.

7. A filosofia da ciência é uma campo que investiga a ciência partindo de seus pressupostos fundamentais, ideias, métodos e implicações. Apesar dessas questões gerais, muitos filósofos escreveram sobre ciências particulares, como a física e a biologia. Podemos dizer que não apenas se utiliza a filosofia para pensar sobre a ciência como se utilizam resultados científicos para pensar a filosofia.

Atividade aplicada: prática

1.

Inatismo	Afirma que nascemos trazendo em nossa inteligência não só os princípios racionais, mas também algumas ideias verdadeiras, que, por isso, são ideias inatas.
Empirismo	Ao contrário, afirma que a razão, com seus princípios, seus procedimentos e suas ideias, é adquirida por nós mediante a experiência. O conhecimento é adquirido por meio da experiência.
Dedução	Parte-se de uma verdade já conhecida para demonstrar que ela se aplica a todos os casos particulares iguais. Vai do geral ao particular ou do universal ao indivíduo.
Indução	Realiza um caminho oposto ao da dedução. Parte de casos particulares para encontrar a lei geral. A definição ou a teoria são obtidas no final do percurso.
Realismo	Posição filosófica que afirma a existência objetiva ou em si da realidade externa como uma realidade racional em si e por si mesma (existência da razão objetiva).
Idealismo	Diante da realidade, só podemos conhecê-la tal como nossas ideias a formulam e a organizam, e não tal como ela seria em si mesma (existe apenas a razão subjetiva).

Capítulo 5

Atividades de autoavaliação

1. a
2. d

3. c
4. b
5. d

Atividades de aprendizagem

Questões para reflexão

1. O conceito de esclarecimento, pela ótica dos pensamentos iluminista e kantiano, correspondia ao ser humano sair do estado de menoridade criado por ele mesmo. Em termos práticos, significava sair do comodismo, da covardia e da preguiça e passar a pensar por si próprio, e não mais se deixar levar pelos pensamentos e pelas atitudes dos outros. Dados esses passos, o ser humano seria livre e autônomo.

2. A filosofia de Hume se caracterizava por colocar à prova as verdades preestabelecidas, frutos de experiências anteriores e das coisas em si (dogmatismo). Ao se deparar com os inúmeros questionamentos sobre as formas de conhecimento e sobre aquilo que era possível conhecer, Kant "despertou de seu sono" e passou a elaborar uma crítica da razão teórica, um estudo sobre a estrutura e o poder da razão em vista de determinar seus limites e seus alcances.

3. A sensibilidade e o entendimento são importantes para o pensamento kantiano porque é a partir da sensibilidade que é dada a intuição e por meio do entendimento que os objetos são pensados e organizados nos conceitos.

4. Diante da tensão entre empiristas e racionalistas, o principal motivo que levou Kant a escrever a *Crítica da razão pura* foi o desejo de responder sobre o que podemos conhecer, quais eram os limites

da razão e como o conhecimento era produzido em nós por meio da estética e da analítica transcendental.

5. Historicamente, a vivência ética foi atrelada à coerência com realidades exteriores a nós, como a ideia de Deus, ou seja, buscava-se ser ético porque esse era o desejo de Deus para os seres humanos. Rompendo com essa visão, Kant diz que o agir ético não está atrelado a uma realidade exterior, a um desejo de recompensa, à busca pela felicidade. O agir ético está vinculado à razão, a nossa capacidade de consciência, de reflexão, de cumprir o dever pelo próprio dever. Por esse fato, ética e razão caminham juntas; é pela razão que devemos nortear nossas atitudes e agir de tal modo que a máxima de nossa ação possa valer como lei universal (fato da razão).

6. O projeto estético de Kant perpassa uma dimensão subjetiva do mundo; mais importante do que como o mundo se apresenta é como o sujeito o percebe.

7. O aspecto fundamental do criticismo kantiano foi investigar as condições nas quais o conhecimento se torna possível com base na verificação dos limites e dos alcances da razão humana.

Atividade aplicada: prática

1.

	Crítica da razão pura	*Crítica da razão prática*	*Crítica do juízo*
Características	Estudo sobre a teoria do conhecimento.	Estudo sobre os princípios da moral.	Estudo sobre o conceito de juízo estético.
Temas	Capacidade do ser humano de conhecer; distinção de formas de saber; conhecimento empírico; conhecimento puro; sentidos; categorias do entendimento; juízos sintéticos e analíticos.	Condições para uma moral universalista; imperativo categórico; lei universal; vontades perfeita e imperfeita; liberdade da vontade; razão, liberdade e autonomia; fundamentação da ética kantiana.	Limites do conhecimento; faculdade de julgar; memória e sentimentos; análise do belo e do sublime; noção de gênio; juízo e subjetividade; bases da teoria estética.

Capítulo 6

Atividades de autoavaliação

1. c
2. b
3. a
4. d
5. a

Atividades de aprendizagem

Questões para reflexão

1. Um dos principais valores do romantismo foi a redescoberta da bondade humana e de seus sentimentos. Ao descrever o "bom selvagem", Rousseau advogou em favor da bondade natural do ser humano, que nasceu livre e em sua condição natural tinha tudo o que precisava para ser feliz. A infelicidade do homem começou, segundo Rousseau, quando, organizado em sociedade, ele se deparou com a propriedade privada, com a desigualdade e com a competição. Para os românticos, as ideias de Rousseau reforçam a necessidade de se recuperar a simplicidade da vida, o cuidado e a relação com a natureza, o redescobrimento do homem como um ser de sentimentos, e não somente de razão.

2. Contra todo tipo de usurpação da natureza, os românticos a viam como uma força vital, como uma extensão do próprio eu, fonte de inspiração, algo que recorda a simplicidade da vida e, ao mesmo tempo, a profundidade humana. Em termos artísticos, a natureza funciona quase como a expressão mais pura do estado de espírito do poeta.

3. O romantismo passou a tratar os assuntos de modo pessoal, de acordo com sua opinião sobre o mundo. Uma das características mais comuns do subjetivo é o constante uso da primeira pessoa. Trata-se

sempre de uma opinião parcelada, dada por um indivíduo que baseia sua perspectiva naquilo que suas sensações captam. Com a plena liberdade de criar, o artista romântico não se intimida em expor suas emoções particulares, em fazer delas a temática sempre retomada em sua obra.

4. Em oposição ao modelo de arte vigente, as características da arte romântica foram: a predominância do conteúdo sobre a forma; o indivíduo como centro das atenções; a natureza deixou de fazer parte da paisagem e ocupou lugar de destaque; a supervalorização de sentimentos e de sensações; a exaltação do nacionalismo e da pátria; a idealização da sociedade, do amor e da mulher; a fuga da realidade; o subjetivismo.

5. Para Fichte, o "eu" é o princípio da consciência, portanto, também princípio criador da realidade. A realidade objetiva é somente um produto do espírito humano, que já traz em si as concepções lógicas do mundo. Se o mundo só reflete as estruturas lógicas do pensamento, tudo que é exterior ao sujeito é somente um "não eu" criado por ele.

6. A natureza encontra um espaço importante no pensamento de Schelling, pois, segundo ele, há nela organização e inteligência. A natureza seria a "alma do mundo".

7. Predominante na modernidade, o materialismo é o tipo de fisicalismo que sustenta que a única coisa da qual se pode afirmar a existência é a matéria. Para essa concepção, tudo que existe no mundo é decorrente de circunstâncias materiais, até mesmo o pensamento e os valores humanos. Em contrapartida, para o idealismo, o mundo material é determinado e condicionado pelas ideias. Nesse sentido, o sujeito e a subjetividade ocupam uma posição fundamental. Para os alemães, o idealismo representou a passagem para uma nova era e o renascimento do espírito nacionalista.

Atividade aplicada: prática

1.

Conceito de verdade filosófica		
Razão objetiva	Razão subjetiva	Razão histórica
A verdade está nos objetos	A verdade está no sujeito	A verdade é dialética

sobre o autor

Vítor Hugo Lourenço é mestre em Teologia (2016), especialista em Missiologia (2012) e licenciado em Filosofia (2006) pela Pontifícia Universidade Católica do Paraná (PUCPR). É também especialista em Formação Humana (2014) pela Faculdade Vicentina (Favi) e bacharel em Teologia (2011) pela Escola Dominicana de Teologia (EDT-SP). Atua como professor de Teologia Sistemática e Filosofia Geral na Favi.

A Escola de Atenas (Scuola di Atene)
Rafael Sanzio, 1509-1510
afresco, 500 × 770 cm
Stanza della Segnatura, Musei Vaticani
Città del Vaticano

Os papéis utilizados neste livro, certificados por instituições ambientais competentes, são recicláveis, provenientes de fontes renováveis e, portanto, um meio **respons**ável e natural de informação e conhecimento.

FSC
www.fsc.org
MISTO
Papel produzido a partir de fontes responsáveis
FSC® C103535

Impressão: Reproset
Abril/2021